लोकतंत्र में खोया लोकतंत्र

लोकतंत्र में खोया लोकतंत्र

बी.एल. गौड़

राधाकृष्ण प्रकाशन

ISBN : 978-81-8361-401-6

लोकतंत्र में खोया लोकतंत्र

पहला संस्करण : 2010
This book is printed on **Print on Demand** Technology : 2024

मूल्य : ₹795

प्रकाशक
राधाकृष्ण प्रकाशन प्राइवेट लिमिटेड
जी-17, जगतपुरी, दिल्ली-110 051

शाखाएँ : अशोक राजपथ, साइंस कॉलेज के सामने, पटना-800 006
पहली मंजिल, दरबारी बिल्डिंग, महात्मा गांधी मार्ग, प्रयागराज-211 001
1, अनमोल सोराबजी संतुक लेन, धोबी तलाव, मरीन लाइंस, मुम्बई-400 002
वेबसाइट : www.radhakrishnaprakashan.com
ई-मेल : info@radhakrishnaprakashan.com

LOKTANTRA MEIN KHOYA LOKTANTRA
by B.L. Gaur

ज़मीर की आवाज़

बात 1960 की है, मैं दिल्ली-विश्वविद्यालय में हिंदी पढ़ा रहा था। उन दिनों 'साप्ताहिक हिन्दुस्तान' का शुमार देश की सर्वाधिक लोकप्रिय पत्रिकाओं में होता था। 'धर्मयुग' तथा 'साप्ताहिक हिन्दुस्तान' दोनों का अपना अपना बृहद् पाठक वर्ग था। तब 'साप्ताहिक हिन्दुस्तान' के सम्पादक श्री बाँके बिहारी भटनागर हुआ करते थे। 'साप्ताहिक हिन्दुस्तान' में मेरी रचनाएँ प्रायः छपती रहती थीं। भटनागर जी ने मुझे 'साप्ताहिक हिन्दुस्तान' में आने का आमंत्रण दिया। यह आमंत्रण मैंने निःसंकोच तुरन्त स्वीकार कर लिया, अध्यापन का व्यवसाय कम सम्मानजनक नहीं होता। परन्तु उन दिनों पत्रकारिता की प्रतिष्ठा लगभग सर्वोपरि थी। पूरे समाज पर पत्रकारों का गहरा प्रभाव था। पत्रकार की बात सर्वाधिक प्रमाणित मानी जाती थी। परन्तु हालात उस वक्त भी सिर्फ़ ख़ुशग़वार नहीं थे। प्रोडक्शन का काम मुझे सौंपा गया तो कई तल्ख तजुर्बे भी हुए। 'साप्ताहिक हिन्दुस्तान' के फोरमैन ने मुझे चेताया—मुख्य प्रबंधक की हिदायत है कि पत्रिका छपते-छपते भी यदि कोई विज्ञापन आ जाए तो चाहे सम्पादकीय निकालकर फेंकना पड़े विज्ञापन ज़रूर छापना है।

तब से अब तक पत्रकारिता के हालात बहुत बदल चुके हैं। आजकल तो पत्र-पत्रिकाओं पर विज्ञापन दाताओं का राज है। पहले विज्ञापन पत्रों के लिए होते थे, अब पत्र-पत्रिकाएं विज्ञापनों के लिए होती हैं। महत्वपूर्ण से महत्वपूर्ण सामग्री को विज्ञापनों के समक्ष दोयम दर्जे का स्थान दिया जाता है। विज्ञापनदाता चाहें तो

सामाचार-पत्र का पहला पन्ना तक ख़रीद सकते हैं। बात केवल विज्ञापनों तक सीमित नहीं है। सत्ता प्रतिष्ठानों के सामने प्रकाशनों की प्रतिष्ठा गौण पड़ गई है।

पत्रकारिता के दो रूप माने गए हैं। सम्पादक वह छापे जो पाठक पढ़ना चाहते हैं या फिर वह छापे जो पाठकों को पढ़ना चाहिए। आजकल तो पत्रकार पहले विकल्प का चुनाव करते हैं। उससे भी बड़े दुर्भाग्य की बात यह है कि वे यह मानते हैं कि पाठक सस्ती सामग्री पढ़ना पसंद करता है। यही वज़ह है कि पत्रकारिता का सबसे ज़्यादा ज़ोर, विशेषरूप से समाचार-पत्रों में, सनसनीख़ेज़ सामग्री पर है। लगता है जैसे अपराध ही पत्र-पत्रिकाओं का मुख्य विषय बन गए हैं। जो अच्छा घटित होता है वह सब गौण है।

पत्र-पत्रिका का सबसे महत्वपूर्ण अंश उसका सम्पादकीय होता है। उसी से प्रकट होता है कि उसकी रीति-नीति क्या है और नीयत क्या है? जिस पत्र-पत्रिका का सम्पादकीय स्वार्थ अथवा भय से प्रेरित होता है उस पत्रिका की अधिकांश सामग्री संदेहस्पद हो जाती है।

कुछ पत्र-पत्रिकाएँ तो अपने सम्पादकीयों की निश्छलता के कारण चमक जाती हैं। 'कादम्बिनी' इसका एक अच्छा उदाहरण है। कभी उसके सम्पादक रामानंद दोषी हुआ करते थे। वह अपना सम्पादकीय 'बिन्दु-बिन्दु विचार' शीर्षक से लिखते थे। उनका यह कॉलम इतना लोकप्रिय हुआ कि उनके न रहने पर भी 'बिन्दु-बिन्दु विचार' का संकलन छपा। यह संकलन संयोग से मैंने ही सम्पादित किया था।

दोषी जी के सम्पादकीयों की ख़ास बात यह होती थी कि उनकी अनेक उक्तियाँ सूक्तियों का रूप ले लेती थीं। उदाहरणतार्थ उन्होंने अपने एक सम्पादकीय में लिखा—'चरित्रगत और संस्कारगत' सुविधागत और मुक्तिगत, अनगिनत खंभो से उलझे अनगिनत हम निर्व्याज निस्तेज हो रहे हैं।...हमें निश्चयात्मक रूप से जान लेना चाहिए कि हमारी दुर्बलता की डोरियाँ हमारे संकल्प की

दुर्बलता के ठीक अनुपात में मज़बूर होती हैं।'

रामानंद दोषी की यह विचारोत्तजेकता मुझे 'गौड़सन्स टाइम्स' के प्रधान संपादक श्री बी.एल. गौड़ के सम्पादकीयों में दिखाई देती है। इसलिए मैंने उनसे आग्रह किया कि आप अपने संपादकीयों को पुस्तक रूप में सहेजें।

विशेषरूप से उन सम्पादकीयों को जिनमें सामाजिक मुद्दों के साथ-साथ कुछ बुनियादी मुद्दे भी उठाए गए हों। गौड़ जी के सम्पादकीयों में जो ओज तथा ऊर्जा पाई जाती है मुझे उसके तीन कारण प्रतीत होते हैं। पहली बात तो यह है कि उन पर किसी मुख्य-प्रबंधक के आदेशों का दबाव नहीं है। वह अपने पत्र के स्वामी स्वयं हैं। यह एक बहुत ही सुखद स्थिति है। दूसरी बात यह कि वह विज्ञापनदाता के पीछे नहीं भागते। उनकी पत्रकारिता विज्ञापनदाता की गुलाम नहीं है। तीसरी खास बात यह कि उनकी महत्वाकाक्षाएँ अपने व्यवसाय और पत्रकारिता तक सीमित हैं। वह अन्य प्रकार की उपलब्धियां पाने के लिए आकुल नहीं है। उन्हें न तो पद्मश्री चाहिए न ही कोई ठेका। उनके पास कामयाब रोजगार भी है और आदर सम्मान भी। वह किसी की मेहरबानी के मोहताज नहीं हैं। सबसे बड़ी बात तो यह है कि उन्होंने जो कुछ पाया है ख़ुद कमाया है। वह मुँह में चांदी की चम्मच लेकर पैदा नहीं हुए। उनकी जीवन की शुरुआत कठोर संघर्षों की मार सहती रही। एक साधारण सरकारी कर्मचारी के रूप में उन्होंने अपनी जवानी का काफ़ी हिस्सा गंवा दिया। मगर उसके बाद सरकारी नौकरी से मुक्त होकर उन्होंने अपनी तक़दीर ख़ुद तराशी। आज उनकी गिनती जानें-मानें भवन-निर्माताओं में होती है। सबसे ख़ास बात तो यही है कि घाटी से शिखर तक पहुँचने की यात्रा में उन्होंने मौलिक सृजन का हाथ कभी नहीं छोड़ा। एक उच्चकोटि के पत्रकार तथा संवेदनशील कवि के रूप में उन्होंने अपनी पहचान बनाई है। यूँ तो उनके अधिकतर सम्पादकीय सामायिक उथल-पुथल पर केन्द्रित होते हैं, परंतु उनमें वह कुछ ऐसे प्रसंग उठाना नहीं भूलते जो जीवन की शाश्वत धारा से जुड़

जाते हैं। उनके सम्पादकीयों में विश्लेषण होता है, चेतावनी होती है, चुनौती होती है, ललकार होती है और ईमानदारी होती है। उनके सम्पादकीय उनके ज़मीर की आवाज़ होते हैं। वह जानते हैं कि परिस्थितियाँ क्रूर हैं महाजन संवेदनशून्य हैं, अन्य आदमी शक्तिहीन है। लोकतंत्र में लोकतंत्र खो गया है। फिर भी वह विचलित या भ्रमित नहीं होते। वह स्वयं से पूछते हैं कि क्या मेरे सोचने से कुछ होगा? उन्हें उत्तर मिलता है...'हाँ...शायद कुछ और लोग भी ज़रूर सोचना शुरू करेंगे शुरुआत होते ऐसे सोच की।' मुझे खुशी है कि गौड़ साहिब ने यह शुरुआत बड़े हौसले और उत्साह के साथ की है। मुझे पूरी उम्मीद है कि उन्हें हमसफ़रों की कमी नहीं होगी।

गणेश शंकर विद्यार्थी ने कहा था–'जब किसी के बारे में लिखो तो यह समझकर लिखो कि वह तुम्हारे सामने बैठा है और तुमसे जवाब तलब कर सकता है।' मुझे पूरा विश्वास है कि अपनी जवाबदेही के प्रति वह हमेशा जागरूक रहेंगे।

–बालस्वरूप राही

मेरी नज़र में

मैं श्री बी.एल. गौड़ को एक कवि के रूप में ही जानता था। उनकी कई मन को छूने वाली कविताओं को पढ़कर या साहित्यिक गोष्ठियों में सुनकर दिल से दाद दे चुका था। एक ऐसा कवि जो जनमानस की पीड़ा का हमसफर है। जिसमें आज के जिंदगी के कठोरतम सत्यों से साक्षात्कार की अद्भुत क्षमता है। एक ऐसा कवि जो वर्षों से शहर में बसने के बावजूद गाँव से बराबर जुड़ा हुआ है। जिसकी कविताओं में गाँव की मिट्टी की खुशबू बनी हुई है।

इधर, जब मैंने 'गौड़सन्स टाइम्स' का सम्पादकीय पढ़ना शुरू किया तब मालूम हुआ कि श्री गौड़ खुली हुई, बेधड़क, साहसी भाषा शैली में साधारण जन की सबसे निकट की पत्रकारिता कर रहे हैं। 73 साल की आयु में भी उनके अन्दर कुछ करने व बदलने की तलब दर्जा-ए-उत्तम मौजूद है। किसी घटना विशेष को लेकर उनके अन्दर की कुलबुलाहट जब जोर पकड़ती है तो खुद-ब-खुद उनके अन्दर का पत्रकार उनको सोचने और सटीक व बेबाक सम्पादकीय टिप्पणियाँ करने पर मजबूर करता है। वे ऐसे सम्पादक हैं जो अखबार के पाठकों के सामने सच्चाई को पेश कर रहे हैं। वे अच्छी तरह जानते हैं कि आज समय के आकाश में धुन्ध है। इस धुन्ध को हटाने और भविष्य के मार्ग की तलाश के लिए महाकाल के द्वार का प्रहरी बनकर खड़ा पत्रकार समय सत्य को निर्भीक होकर उजागर करता है। शाश्वत सत्य तो साधु-संत कहते ही रहते हैं, पर सयम के सत्य को

पकड़ना बड़ा कठिन होता है और ये काम बखूबी श्री गौड़ एक सम्पादक के रूप में कर रहे हैं।

इस पुस्तक में पिछले तीन साल में श्री गौड़ द्वारा लिखे गए सम्पादकीय शामिल हैं। ये सभी सम्पादकीय आज के जीवन व देश के अन्दर बनते-बिगड़ते हालात को दर्शाते हैं। यह ठीक है कि इन सभी सम्पादकीयों में वर्तमान जीवन की राजनीतिक, आर्थिक, सांस्कृतिक, साहित्यिक, सरकारी नीतियाँ वे अन्य ज्वलंत मुद्‌दे जैसे आतंकवाद, आरक्षण, रैगिंग और ऐसे तमाम मुद्‌दों पर सम्पादकीय टिप्पणियाँ की गई हैं जो आज के लिए समसामायिक टिप्पणियाँ हैं। लेकिन ये सारी घटनाएँ अतीत होकर इतिहास का हिस्सा बन जाएंगी। इन सम्पादकीय टिप्पणियों के माध्यम से बनते हुए इतिहास के सही रंगों को पहचाना जा सकेगा। ये टिप्पणियाँ एक लम्बे समय तक प्रासंगिक रहेंगी।

इस पुस्तक में शोधकर्त्ता छात्र-छात्राओं को एक ही नज़र में, एक ही जगह पर पढ़ने को सामग्री मिल जाएगी जो उनके लिए काफी मददगार साबित होगी। आम पाठक के लिए भी यह पुस्तक समसामायिक आकलन में सहायक होगी।

शुभकामना सहित!

—कुलदीप तलवार

वरिष्ठ पत्रकार,

ए-39, अशोक नगर, गाज़ियाबाद

मूल्यधर्मी टिप्पणीकार

गौड़सन्स टाइम्स की संपादकीय टिप्पणियों से गुजरना मुझे अच्छा लगता है। श्री बी.एल. गौड़ एक संवेदनशील कवि तो हैं ही एक विवेकशील विचारक भी हैं। सच बात तो यह है कि वे बहुत अच्छे मनुष्य हैं और उनकी मनुष्यता की आभा उनके व्यवहार में भी दीप्त होती है और उनके रचनात्मक तथा वैचारिक लेखन में भी। 'लोकतंत्र में खोया लोकतंत्र, गौड़सन्स टाइम्स में प्रकाशित गौड़ जी की संपादकीय टिप्पणियों का संग्रह है। इन टिप्पणियों से गुजरते हुए सहज ही अनुभव किया जा सकता है कि गौड़ जी अपने समय सत्य के प्रति अत्यंत जागरूक है और उन्हें उसकी गहरी समझ है। आज समाज राजनीति, अर्थ तंत्र, शासन तंत्र, शिक्षा जगत, धर्म आदि में जो अनेक समस्याएँ पैदा हो रही है उनमें जो विसंगतियाँ और अंतर्विरोध व्याप्त हैं उन सब पर गौड़ जी की नज़र है। उन्होंने लोकहित के संदर्भ में उनकी पहचान और विश्लेषण किया है। गौड़ जी का लोक-संस्कार सदा उन्हें लोकहित-चिंता से जोड़े रहता है और वे सदा आम आदमी के साथ खड़े दिखाई पड़ते हैं।

'लोकतंत्र में खोया लोकतंत्र' की संपादकीय टिप्पणियों में वैचारिक प्रखरता तो है ही विवेक का उजाला भी है। इन टिप्पणियों में गौड़ जी के कवि की भी अपनी भूमिका होती है और लगता है कि उनमें एक मूल्यधर्मी व्यंग्यकार भी निहित है जो रह रह कर इन टिप्पणियों में सिर उठाता है, हँसता है और उन्हें धारदार बनाता है।

–रामदरश मिश्र

आर-38, वाणी विहार, उत्तम नगर,
नई दिल्ली-11053

मैं क्यों लिखता हूँ?

जब नहीं लिखता था तो बड़ी टेंशन में रहता था। नौकरी थी– सरकारी। कुछ भी कहो, किसी भी प्लेटफार्म से कहो, बात ऊपर तक पहुँच जाती थी। और अफ़सर चूँकि अफ़सर होते थे आदमी नहीं, सो सुनकर या किसी मंच से कही हुई बात को मन में रखकर खुन्नस निकालते थे। पिताजी के दिये हुये संस्कार मैंने संजोये, अपने को उनके अनुसार ढाला पर उनकी एक बात कभी गले नहीं उतरी 'नौकरी, तो नख़रा काहे का' और साथ ही उनका उपदेश कि अफ़सर के अगाड़ी और घोड़े के पिछाड़ी कभी मत पड़ना वर्ना बहुत पछताओगे। पिताजी को एक-दो बार दबी जुबान से कहा भी था, "बाबूजी आपका ज़माना और था। आपने गोरे और काले दोनों तरह के अफ़सरों की नौकरी की पर हमारे अफ़सर तो केवल काले थे। यों अपवाद तो हर जगह होते हैं पर वे अंग्रेजी शासन से सताये हुये होने के कारण अपनी भड़ास अपने आधीन कर्मचारियों पर निकालने से नहीं चूकते थे। और जब अफ़सर घोड़े पर सवार हो तो आदमी कहाँ जाये? आगे या पीछे कहीं न कहीं तो खड़ा होना ही पड़ेगा। खैर छोड़ो। बात जो मैं कहना चाह रहा था वह यह है कि मेरे लिखने की आदत ने मुझे बड़ा सहारा दिया है।"

जब भी मन में दुख उपजा कलम से काट डाला। लिखना और फिर उस लिखे को संजोकर रखना एक फैशन सा बन गया। सन् 1970 से अब तक का बहुत कुछ डायरियों में बन्द पड़ा है। जब कभी उन गुज़रे हुये दिनों को जीना होता

है तो कुछ उठाया, पढ़ा और उस कालकांड को जी लिया।

नौकरी कर तो ली पर कभी भी संतुष्टी नहीं मिली। बीच-बीच में कई बार मन हुआ कि छोड़ दिया जाये पर तभी एक-दूसरा प्रश्नचिह्न सामने आकर खड़ा हो जाता "क्या करोगे नौकरी छोड़कर? तुम कोई लाला नहीं, पुरखों का कोई जमा-जमाया व्यापार नहीं, रोज कुँआ खोदने और रोज पानी पीने वाली स्थिति में नौकरी कैसे छोड़ी जाये।"

यह विचार तीस साल तक मेरी नौकरी के सफ़र में साथ-साथ यात्रा करता रहा और एक दिन हिम्मत कर ही डाली यह हिमाकत करने की। फरवरी 1989 में स्वतः ही नौकरी छोड़कर घर का रूख किया बिना किसी भविष्य की योजना के। सामने थी खाली नाव दो चप्पू और विकराल नदी का पाट। उसके बाद उस ईश्वर की ओर से ही आवाज आई 'कुछ तो शुरू कर' सो शुरू कर दिया। जो कुछ भी आता था उसी में से एक प्रयोग अच्छे घर बनाने का और उसमें जो सफलता मिली वह आज सबके सामने है।

इस रास्ते पर आगे बढ़कर पूरा कारोबार पुत्रों के हवाले कर अपने को पूरी तरह साहित्य के हवाले कर दिया। मन में जो क्रोध इस वर्तमान व्यवस्था के प्रति बरसों से चलता रहा है उस खीज़ को, उस क्रोध को कलम के जरिये बाहर लाने का प्रयास 2005 में एक छोटा सा अखबार निकाल कर शुरू किया। अभी कुछ दिन पहले पता चला कि 'भड़ास डॉट कॉम' नाम से एक वेबसाइट भी है जिस पर जाकर लोग अपनी भड़ास निकालते हैं, लेकिन हम कम्प्यूटर से डरने वाले लोग ऐसा नहीं कर सकते इसलिये कलम को ही तलवार बनाकर हवा को काटते रहते हैं। और अपनी भड़ास निकालते रहते हैं।

ये जो मन की भड़ास है, एक क्रोध, एक भीतर से कचोटती सी चीज आखिर पैदा क्यों होती है? पैदा होती है कुछ गलत बयानियाँ सुनने से। राजनीतिक स्तर पर जो गलत बयानियाँ देशवासियों की दयनीय दिशा पर की जाती हैं। उदाहरण के लिये

कल अर्थात 5 अप्रैल 2010 को टी.वी.चैनल पर विनोद दुआ लिव में दिखाया जा रहा है कि आदिवासियों के बच्चे मिट्टी खा रहे हैं, वह मिट्टी जो शीशा (ग्लास) बनाने के कारखानों में प्रयोग में लाई जाती है। भूख मिटाने के लिये बच्चे, बड़े, छोटे, पेड़ की जड़ों के साथ-साथ मिट्टी तक खाने को विवश होते हैं। और साथ ही सरकार के अन्न के भण्डारों में इतना अनाज है कि वह संभाला नहीं जा रहा है और सड़ रहा है अन्न कहीं कहीं तो खुले आसमान के नीचे रखा है जहाँ चूहे अपना पेट भरते हैं। लेकिन इस अनाज के ऊपर पाबंदी है। यह भूखे नंगों में वितरण नहीं हो सकता। यह अपनी तरह की अनोखी व्यवस्था है। बाढ़ आती है विस्फोट होता है, महंगाई बढ़ती है तो कुछ प्रचलित शब्दावली प्रयोग में लाई जाती है। ''मंत्री जी वहाँ स्वयं गये हैं स्थिति का जायजा लेने के लिये, लगता है जैसे जायका लेने गये हों। फिर कोई मंत्री कहता है ऐसा होना चाहिये।'' अरे भई तुम्हें रोकता कौन है, जैसा होना चाहिये उसे करो। इसी तरह की लफ्फाजी है जो सुनने-पढ़ने पर एक खीज़, एक क्रोध पैदा करती है और बाध्य करती है कलम को कि लिख।

अपने समाचार पत्र 'गौड़सन्स टाइम्स' पाक्षिक में जब बेबाक संपादकीय लिखने शुरू किये तो बड़े उच्चकोटि के साहित्यकारों के संदेश आने लगे, शबासी मिलने लगी। ''बहुत अच्छा लिख रहे हो प्रयास जारी रखो।'' बस उनकी इतनी सी बात हवन कुण्ड में घी की आहुती का काम करती रही। मेरे ये साहित्यिक मित्र जिनके कारण मैं अपने लिखे संपादकीयों का संकलन कर पाया उनमें से मुख्य-मुख्य हैं—श्री बालस्वरूप राही, कुलदीप तलवार, डॉ. रामदरश मिश्र, श्री ओमप्रकाश चतुर्वेदी 'पराग' डॉ. वेदप्रकाश अमिताभ, डॉ. अमर आदि। पर सबसे ज्यादा जिन्होंने इस संकलन को निकालने के लिये कहा वे हैं देश के एक बड़े ग़ज़लकार श्री बालस्वरूप राही। मैं उनका अहसान नहीं भूल सकता। और तो और मेरी पाण्डुलिपी घर मंगवाकर उस पर अपने विचार लिखने में भी उन्होंने कोई कोताही नहीं की।

और उसके बाद ही मुझे लगा कि हाँ इस दिशा में देश की दशा दिशा पर जो भी मैं लिख रहा हूँ उसमें कुछ दम है। किताब के रूप में आ जाने के बाद जिन विद्वानों के पास ये विचार जायेंगे हो सकता है आगे बढ़ने के लिये और सरकारी नीतियों के कार्यान्वन करवाने के लिये मेरी कलम को कुछ मदद मिल सके और इसी दिशा में कुछ और आगे बढ़ा जा सके। बस इसीलिये लिखता हूँ।

–बी.एल. गौड़

अनुक्रम

रोशनी की किरण (कश्मीर पर)

''बरसों से बन्द पड़ी अंधेरी कोठरी में आई भोर की किरण''

मेरा इशारा उस बात की ओर है जो पूर्व विदेश सचिव श्री एम.के. रसगोत्रा ने दोनों कश्मीर के बीच सम्बन्धों को लेकर अपनी सिफारिशी रिपोर्ट में प्रधानमंत्री श्री मनमोहन सिंह से कही है। हो सकता है कि दोनों कश्मीरों को जोड़ने सम्बन्धी कार्यदल के नेता की इस जोरदार सिफारिश को प्रधानमंत्री स्वीकार कर एक मजबूत आधार बनाकर पाकिस्तान के राष्ट्रपति श्री मुशर्रफ से एक परिणाम परक बातचीत करें।

इस खबर से दोनों कश्मीर के निवासियों में ही नहीं बल्कि सारे भारत की जनता के मन में एक खुशी की अनुभूति हुई है और लगता है आने वाले समय में दोनों कश्मीरों में बरसों से बिछुड़े अपने मिल सकें।

इस बात में बड़ा दम इसलिए भी है कि कश्मीर एकीकरण पर कार्य कर रहे इस दल के किसी भी सदस्य ने इससे असहमति जाहिर नहीं की है और यहाँ तक कि हुरियत कॉन्फ्रेंस के नेता मीरवाइज उमर फारुख ने भी इस सुझाव का दिल से स्वागत किया है और पूर्व मुख्यमंत्री फारुख अब्दुल्ला ने भी इसे दो देशों के बीच रिश्ते सुधारने में एक महत्वपूर्ण कदम बताया है।

मेरा मानना है कि इससे पूर्व पाकिस्तान के राष्ट्रपति की ओर से आये हाल के बयानों में कुछ उसी प्रकार की घोषणाएं की गईं हैं जिनसे लगता है कि यदि वे बातें ईमानदारी से कही गईं हैं तो दोनों देशों के बीच शान्ति प्रक्रिया की ओर बढ़ रहे कदमों की गति और तेज होगी और वह दिन दूर नहीं जब दोनों देशों के सैकड़ों वीर जवान सीमा पर कुर्बान होने से बचेंगे और दोनों देशों के नागरिकों में 1947 के पूर्व के समय का प्यार फिर से जन्म लेगा।

इसे लिखते हुए मुझे एक अजीब सी खुशी मिल रही थी। लेकिन तभी 19-20 फरवरी को समझौता एक्सप्रेस में बम विस्फोट की घटना ने सारी खुशी पर पानी फेर दिया।

इतनी बड़ी संख्या में जहाँ स्त्री, पुरुष और बच्चे जीवन खो बैठे, वहीं सैकड़ों की तादात में घायल होकर अस्पतालों में जिन्दगी और मौत के बीच साँस ले रहे हैं। यह एक ऐसी घटना है—जिससे कोई भी व्यक्ति विचलित और दुःखी हो उठेगा। पर कुछ लोगों की जात बिलकुल अलग होती है—चाहे वे जनता के गली-मौहल्लों में रहने वाले जनता के ठेकेदार हों या सत्ता में बैठे राजनीतिज्ञ हों। वे कभी भी नहीं चूकते, अपनी राजनीतिक चमकाने का मौका उनके द्वारा छोड़ा गया एक शोसा देखिये कि आतंकी गुजराती हो सकते हैं—एक सम्प्रदाय विशेष के हो सकते हैं। हम पूछते हैं कि क्या आतंकी की भी कोई जात होती है?

हमारा मानना है कि बिना यह सोचे हुए कि आतंकी कहाँ का होगा, किस धर्म का होगा इसे छोड़कर यह पता लगाना चाहिए कि आखिर यह आतंकी है—कौन? जो आये दिन निर्दोष और निरीह आदमियों के खून से अपनी प्यास बुझाता रहता है।

इसमें तो दोनों देशों को अपने-अपने स्तर पर छानबीन कर उन आतंकवादियों को पकड़ना चाहिए जो दो देशों के बीच पनप रही शान्ति प्रक्रिया को भंग करना चाहते हैं। और इस दिशा में उठ रहे कदमों का जोरदान स्वागत दोनों देशों के लोगों को करना चाहिए।

(मार्च, 2007)

प्रजातंत्र की एक बानगी–नन्दीग्राम

भारत मेरा देश है–आपका भी। यह विश्व का सबसे बड़ा लोकतांत्रिक देश है। मतलब कि गवर्नमैंट ऑफ दी पीपल–फॉर दी पीपल–बाई दी पीपल।

मेरा जन्म परतंत्र भारत में 1936 में हुआ। साठ वर्ष से मैं स्वतंत्रता के वातावरण में सांस ले रहा हूँ। बस स्वतंत्रता इतनी भर कि पहले कुछ परदेसी गोरे हम पर राज करते थे और अब 543 लोकसभा में बैठे देसी लोग हम पर राज करते हैं। पहले भी उनके सहायक होते थे, आज भी है। राज्य सभा और समस्त प्रदेशों की विधान सभाएं उनकी सहायक हैं। राज पहले भी पुलिस के माध्यम से ही होता था आज भी पुलिस का डंडा कुछ न कुछ उसी प्रकार की भूमिका का निर्वाह कर रहा है। स्वतंत्रता के आन्दोलन के अनन्तर पुलिस की बर्बरता के किस्से निरन्तर सुनने को मिलते थे। आज भी मिलते है। पहले इन किस्सों पर फिल्में नहीं बनती थीं, अब बनने लगीं है। पहले पुलिस की बर्बरता पर खुलेआम चर्चा नहीं होती थी, आज होती है। फर्क न तब पड़ता था, न अब पड़ता है।

पश्चिम बंगाल के नंदीग्राम का किस्सा बिल्कुल ताजा है। वहां पर गरीबों का मसीहा कहलाने के लिए लालायित रहने वाले मार्क्सवादी दल का वर्षों पुराना शासन है। ऐसे स्थान पर गरीबों की उपजाऊ जमीन को टाटा के एक कारखाने के लिए अधिग्रहीत किया जा रहा था। आम लोगों द्वारा विरोध करने पर शासन और पुलिस ने मिल कर 15 लोगों को गोलियों से भून डाला। पचास के लगभग लोग लापता है और सैकड़ों की संख्या में घायल। भारतीय जनता पार्टी की नेता श्रीमती सुषमा स्वराज के अनुसार पुलिस दल द्वारा महिलाओं के साथ सामूहिक बलात्कार भी किए गए और छोटे-छोटे बच्चों को भी पुलिस की बर्बरता का शिकार होना पड़ा। इस कांड में मानवीय संवेदना का कहीं

नामों निशान तक दिखाई नहीं दिया। सारे मामले को देखने सुनने के बाद भी सत्तारूढ़ कांग्रेस पार्टी ने अपना मुंह नहीं खोला।

मार्क्सवादी पाटी के विद्वान प्रवक्ता श्री सीताराम येचुरी ने इसे बहुत ही मासूमियत से राजनैतिक झगड़े की संजा देकर निपटा दिया। कहा कि यह उनके राजनैतिक शत्रुओं की कारस्तानी है। शत्रुओं में माओवादियों के अतिरिक्त कांग्रेस के कार्यकर्ताओं की भूमिका से भी उन्होने इंकार नहीं किया। अब अन्य वामपंथी दल भी मुख्यमंत्री बुद्धदेव भट्टाचार्य की तर्ज़ पर कहते हैं कि नंदीग्राम के ग्रामवासी निरंकुश हो गए थे और बेचारी मजबूर पुलिस को विवश हो कर गोली चलानी पड़ी। मार्क्सवादी पार्टी के सभी सदस्य भी अपने मुख्यमंत्री को बचाने के लिए मजबूर हो कर जुट गए है। अब देखिए जिनके हाथों में बंदूकें है—वे तो निर्दोष है और मजबूरी में फाइरिंग कर रहे है, जिनके हाथ खाली है या कुछ के हाथों में डंडे है, वे निरंकुश है। स्त्रियों, लड़कियों, किशोरों और बच्चों की भीड़ जो लगभग खाली हाथ है, वे हिंसक है।

नंदीग्राम के लोग केवल इस बात के लिए अपना विरोध प्रगट करने के लिए आए थे कि क्यों छीने जा रहे हैं उनकी जमीन के वे टुकड़े, जिन पर थोड़ी सी फसल उगा कर वे लोग जिन्दा रहते है। उनकी उपजाऊ जमीन उनसे छीनकर प्रदेश के विकास के नाम पर किसी कम्पनी को क्यों दी जा रही है? वे पूछना चाहते थे कि यह कैसा विकास है, जिसमें कुछ परिवारों का पूरी तरह से विनाश कर दिया जाए। यह कैसा प्रजातंत्र है जिसमें किसी समुदाय की भूमि का उसकी सहमति के बिना अधिग्रहण कर लिया जाए। उसे किसी प्रकार का मुआवजा दिए बिना ही अगली कार्रवाही शुरू कर दी जाए। फिर राज्य में ऐसी बंजर भूमि का अभाव नहीं है जहां पर उद्योग लगाए जा सकें और लोगों के लिए रोजगार के अवसर उपलब्ध करवाये जा सकें।

नंदीग्राम के लोगों की शंका कोई निर्मूल नहीं है। नर्मदा बांध का ज्वलन्त उदाहरण आज भी सबके सामने मौजूद है। वहां देश की प्रगति के लिए बांध तो बना, ऊँचाई भी सरकार ने जितनी चाही रखी, लेकिन विस्थापितों का क्या हुआ? उन्हें दूरस्थ ऐसी बंजर जमीनों पर बसा दिया गया जहां की सूखी पथरीली जमीन पर परिश्रम करते-करते वे खुद जमींदोज हो जाएँ। घर बनाने के लिए उनको जो धन मिलना था, उसका हिसाब किताब सरकार ने उनसे

नहीं लिया जिनके द्वारा वह विस्थापितों को वितरित होना था। आज स्थिति यह है कि कागज का पेट भरते रहिए और प्रजातंत्र में सुख से रहिए।

नंदीग्राम के इस दुःखद काण्ड से कुछ बुद्धिजीवी आहत है और कुछ राजनेता भी। वामपंथियों में भी कुछ लोग इससे मर्माहत हैं—पर राजनीतिक मजबूरियों के कारण चुप हैं और कुछ निर्लजता की सीमा लांघकर इस बर्बरकाण्ड की वकालत वहाँ की सरकार के पक्ष में कर रहे हैं। कुछ इसलिए चुप है कि बोलने पर रोटी-रोजी का सहारा छिन सकता है।

आज के इस घोर आर्थिक युग में यह बर्बरकाण्ड भी दो-चार दिन में शांत हो जायेगा। जो शांत नहीं होगी वह है पीड़ितों के सीनों के भीतर सुलगती हुई आग। अब वह वक्त आ गया है जब यह समझ लिया जाना चाहिए कि कालांतर में कभी भी यह सुलगती हुई आग प्रजातंत्र के अस्तित्व के लिए बेहद खतरनाक हो सकती है।

(अप्रैल, 2007)

सर्वजन हिताय: सर्वजन सुखाय:

भारत के सबसे बड़े प्रदेश में सम्पन्न हुए चुनाव के परिणाम कई सुखद परिवर्तनों का संकेत दे रहे हैं। प्रथम तो सोलह वर्षों के पश्चात् उत्तर प्रदेश में किसी एक दल को विधान सभा में पूर्ण बहुमत मिला है। स्पष्ट है कि गठबंधन सरकारों की अक्षमता और आपसी खींचतान को जनता ने नकार दिया है। दूसरा संकेत है जाति-धर्म के दायरों का टूटना। इस चुनाव में मतदाताओं ने जाति, वर्ण और धर्म की दीवारें तोड़कर मतदान किया है। यह बड़ी राहत देने वाली बात है। इससे यह भी साफ हो गया कि अनेक विभिन्नताओं की एकता से सँवरे भारत जैसे विशाल देश में जाति-धर्म की संकीर्णताओं के लिए कोई स्थान नहीं है।

तीसरा संकेत है चुनाव में छलबल, धनबल और बाहुबल का पस्त होना। अपवाद-स्वरूप कुछ लोगों को छोड़ दें, तो अधिकांश आपराधिक छवि वाले तथाकथित नेताओं को अब की बार धूल चाटनी पड़ी है। यह प्रदेश के शांति प्रिय और भोले-भाले जनमानस की विजय है।

सबसे महत्वपूर्ण बात इस चुनाव की यह रही कि उत्तर प्रदेश के इतिहास में पहली बार इतना शांत और विर्विघ्न चुनाव सम्पन्न हुआ। न हिंसा, न बूथ-कैप्चरिंग, न मतदाताओं को डराया-धमकाया जाना, न जाली मतदान। इस कार्य के लिए निर्वाचन-आयोग की जितनी भी प्रशंसा की जाये, कम है। जो लोग अपनी हार के लिये आयोग को दोषी ठहरा रहे हैं, वे खिसियानी बिल्ली की तरह खम्बा नोंच रहे हैं।

मायावती चौथी बार मुख्यमंत्री बनी हैं। उनसे पूर्व केवल चन्द्रभानु गुप्त तथा नारायणदत्त तिवारी ही चार बार मुख्यमंत्री रहे थे। मायावती दलित परिवार की शिक्षित, योग्य एवं साहसी महिला हैं। बहुजन समाज पार्टी के

संस्थापक कांशीराम के संरक्षण में उन्होंने राजनीतिक कौशल तथा आवश्यक प्रशिक्षण प्राप्त किया है। कांशीराम के निधन के बाद उन्होंने अकेले दम पर पार्टी का परचम लहराया है। यह उनकी सूझबूझ तथा राजनीतिक कौशल का ही परिणाम है कि उन्होंने दलित, मुसलमान तथा ब्राह्मणों का समन्वय करके चुनाव लड़ा और जीता। उनकी समझ में यह बात आ गई है कि पिछड़ों का विकास करने के लिए अगड़ों का सहारा लिया जाना आवश्यक है। उसके बिना प्रदेश का सर्वांगीण विकास सम्भव नहीं।

मंत्रिमंडल के निर्माण में भी मायावती ने अगड़े-पिछड़ों का संतुलन कायम रक्खा है। आज आशा की जानी चाहिए कि मायावती 'बहुजन हितायः-बहुजन सुखायः' के स्थान पर 'सर्वजन हितायः-सर्वजन सुखायः' के लिये कटिबद्ध होकर कार्य करेंगी। इससे प्रदेश का भला तो होगा ही, उनकी छवि में भी चार चाँद लग जायेंगे और वे देश की एक शक्तिशाली नेत्री होकर उभरेंगी।

जब विचार बदलते हैं तो राज बदल जाते हैं और यही हुआ इस बार उत्तर प्रदेश के चुनावों में। सुश्री मायावती के मन में यह विचार घर कर चुका था कि यदि राज पाना है तो विचारों को बदलना होगा। निर्धन लोग केवल दलितों में ही नहीं होते, वे सभी जातियों में फैले हुए हैं। गरीबी का अभिशाप तो जाति पूछ कर लगता नहीं और तभी विचार कौंधा—सर्वजन हितायः-सर्वजन सुखायः का—और इस विचार ने एक तरह से जनक्रांति ला दी और सुश्री मायावती को राजभवन भिजवा दिया कि वे वहां जाकर अपने होने की दस्तक दें कि अब राज करने की बारी उनकी है। करनी यदि कथनी में बदली तो मायावती जी का नाम स्वर्ण अक्षरों में लिखा जायेगा और कोई आश्चर्य नहीं होगा कि बहुजन समाज पार्टी—केवल एक राज्य विशेष तक सीमित न रहकर एक राष्ट्रीय पार्टी का रूप ले ले।

(मई, 2007)

अभी बहुत कुछ करना होगा

देश की आर्थिक व्यवस्था इस प्रकार की है कि जब जनता का पैसा टैक्स के रूप में देश के खज़ाने में चला जाता है तो वह सरकार का कोष बन जाता है। फिर सरकार जैसे चाहे उसे खर्च करे। और कौन है सरकार? सरकार भी तो जनता ही है। जनता ही ने तो चुनकर अपने चहेते–सदस्य संसद अथवा विधान सभाओं में भेजे हैं। निर्वाचित प्रतिनिधि चाहे वे संसद में हों या फिर विधान सभा में, मिलकर सरकार कहलाते हैं। यह सरकार कुछ अफसरों के दम पर ही चलती है। ये अफसर और चुने हुए प्रतिनिधि मिलकर एक समूह बनाते हैं और वह संगठन अथवा समूह मिलकर जनता पर, जिसकी यह सरकार है, राज करता है। इसी समूह को कार्यपालिका कहते हैं। संसद जो भी नियम बनाती है उसका पालन कार्यपालिका को ही करवाना होता है।

आज स्थिति यह है कि सरकारी धन का खुले आम बन्दर बांट होता है। धन का उपयोग करने के लिए सांसद इतना व्यय करेंगे यह निश्चित कर दिया गया है, विधायक के लिए भी सीमा तय है। मंत्री चाहे जितना खर्च करें उन्हें कोई पूछने वाला नहीं। निश्चित रूप से यह सारा व्यय व्यवस्था के भीतर होता है, परन्तु इसी व्यवस्था में गड़बड़ करके घपले किए जाते हैं। नियमों की धज्जियां उड़ा दी जाती हैं। उपनियमों की व्याख्या मनमाने ढंग से की जाती है।

जब से देश स्वतंत्र हुआ है तब से न जाने कितने घपले धन के सम्बन्ध में हुए हैं। ऐसे घपलों की अब तो कोई गिनती ही नहीं। जो मामले सामने नहीं आए उनकी तो कहीं चर्चा ही नहीं है। जो पकड़े गए उनसे सम्बंधित फाइलों के अम्बार दफ्तरों में लगे हुए हैं। किसने कितना खाया, कितना गबन किया सारे आँकड़े, सरकारी फाइलों में बन्द हैं। फाइलों के साथ-साथ मुंह भी बन्द हैं। सी.बी.आई. एक ऐसी संस्था है जिसकी कभी जनता में एक अच्छी

खासी साख हुआ करती थी। हर घपले की जांच सी.बी.आई. से करवाने की मांग जोर-शोर से उठाई जाती थी। एक बार मामला सी.बी.आई. के हाथों में सौंप दिया गया तो जनता शांत हो जाती थी। उसे विश्वास था कि अब न्याय हो जायेगा। दोषी को सज़ा अवश्य मिलेगी। अब जनता की सी.बी.आई. के प्रति आस्था पूर्ण रूप से समाप्त होती जा रही है। अब वह जान चुकी है कि यह सी.बी.आई. भी विश्वसनीय नहीं रही। बल्कि अब यह एक प्रकार से सरकार की कठपुतली बनती जा रही है। इसी कारण जब जिस मामले में सरकार चाहती है तो वह इंक्वायरी कर लेती है। सरकार चाहती है तो यह चुपचाप बैठ जाती है। जिसका केस चाहे ढीला कर देती है और किसी केस की पूछताछ दशकों तक चलती रहती है। लोग मर-खप जाते हैं, परिणाम कुछ भी नहीं निकलता, न्याय हो नहीं पाता। अब यह कहा जाने लगा है कि सरकारें राजनीतिक मोहरे के रूप में इसका इस्तेमाल करती रहती हैं। अपने राजनीतिक शत्रुओं को तंग करवाने का काम भी इस संस्था से करवाया जाने लगा है जो कि बहुत ही दुर्भाग्यपूर्ण है। ठीक प्रकार से जांच न होने के कारण न्यायालयों में न्याय नहीं हो पाता। यही कारण है कि जनता का न्यायालयों पर से भी विश्वास डगमगाने लगा है।

जब सरकार चाहती है तो ऐसे मामलों को फिर से जिन्दा कर दिया जाता है जो वर्षों पहले दबा दिये गये थे। उनसे सम्बंधित फाइलों पर धूल जमने लगी थी। इसका ताजा उदाहरण सुश्री मायावती से जुड़े ताज केरीडोर का है। अब गवर्नर महोदय ने लिख कर साफ कर दिया कि यह पूरा केस ही मनगढ़ंत है, झूठा है, आधारहीन है। यदि ऐसी स्थिति है तो यह बात जनता को पहले क्यों नहीं बताई गई। लम्बे समय से सुश्री मायावती पर लगे आरोपों से उनका जो आँचल मैला हुआ है, अब उसका क्या होगा? इसका उत्तर किसी के पास नहीं है। अब तक तो कोई ऐसा डिटरजैंट नहीं बना जो इस प्रकार के दाग को फटाफट साफ कर दे। जो अविश्वास मायावती के प्रति जनता में फैला उसे समाप्त करने के लिये कुछ अधिक सफाई चाहिए। कुछ और खुलासा इस बात का हो कि वे कौन लोग थे जिन्होंने यह केस बनाया था। अब उनके खिलाफ सी.बी.आई. कार्यवाही करे और दूध का दूध और पानी का पानी हो जाए ताकि मायावती की सही छवि जनता के सामने आए।

(जून, 2007)

चोटी के पद पर छोटी राजनीति

जब भारतीय संविधान की संरचना की जा रही थी तो हमारे संविधान निर्माताओं के सम्मुख सबसे अहम् प्रश्न यह था कि संविधान में कोई ऐसी त्रुटि न रह जाए जिसको आधार बना कर देश में निरंकुशता पनपने लगे। क्योंकि हम एक लम्बे संघर्ष के पश्चात् देश को स्वतंत्र करवाने में सफल हुए थे इसलिए स्वतंत्रता को अक्षुण्ण बनाए रखना हमारी सबसे बड़ी प्राथमिकता थी। यही कारण है कि भारत के लिए एक ऐसा संविधान बनाने का प्रयास किया गया जिसमें किसी भी एक व्यक्ति अथवा संस्थान के हाथों में असीम शक्तियों का केन्द्रीयकरण न हो सके। साथ ही यह प्रयास भी किया गया कि वह केवल रबड़ की मोहर मात्र ही बन कर न रह जाए। संविधान में प्रधानमंत्री को सबसे अधिक शक्तियां और दायित्व सौंपे गए हैं। प्रधानमंत्री पर अंकुश लगाने की मंशा से ही राष्ट्रपति पद की बात सामने आई।

देश की राजनीति की धुरी प्रधानमंत्री के आसपास ही घूमती है इसलिए राष्ट्रपति के पद को दलगत राजनीति से बचा कर रखने के प्रयास किए गए। संविधान निर्माताओं के मन में कहीं न कहीं यह बात गहरे तक पैठी हुई थी कि इस सर्वोच्च पद पर कोई ऐसा व्यक्ति ही आसीन हो जो राजनीति के दलदल में धंसा हुआ न हो। सर्वप्रथम यह पद सादगी और त्याग की प्रतिमूर्ति डॉ. राजेन्द्र प्रसाद को सौंपा गया। उनके निर्वाचन में किसी प्रकार के राजनैतिक हथकंडे नहीं अपनाए गए। दुर्भाग्यवश हम इस परम्परा को निरन्तर बचा कर नहीं रख सके।

1969 में कांग्रेस के विभाजन के समय तो इस पद को पूरी तरह से राजनीति में घसीट लिया गया। कांग्रेस के प्रत्याशी को राष्ट्रपति पद के चुनाव में पराजय का सामना करना पड़ा। तब से इस पद की गरिमा को पुनः प्राप्त

नहीं किया जा सका। जब गत चुनावों में डॉ. ए.पी.जे. अब्दुल कलाम इस पद पर आसीन हुए तो एक बार फिर लगा कि इस पद को राजनीति से ऊपर मान लिया जायेगा। इसी सन्दर्भ में उन्हें पुनः इस पद के लिए निर्वाचित करने की मांग भी देश के विभिन्न क्षेत्रों से उठती रही।

25 जुलाई, 2007 को वर्तमान राष्ट्रपति डॉ. ए.पी.जे. अब्दुल कलाम का कार्यकाल समाप्त हो रहा है। नए राष्ट्रपति के चुनाव से पहले की राजनीतिक गतिविधियाँ अनेक प्रश्न उत्पन्न कर रही है। सभी छोटी बड़ी पार्टियां जिस प्रकार दलगत स्वार्थों को सामने रखकर गोटें बिछा रही हैं, उसे देखकर लगता है कि देश के राष्ट्रपति को भी राज्यपालों की भांति अपना मोहरा बनाने का प्रयास किया जा रहा है। संसद में सबसे बड़े दल कांग्रेस की तरफ से कई नाम उछाले गये और उन्हें किसी न किसी कारण से निरस्त किया जाता रहा। अंत में एक ऐसे नाम पर यू.पी.ए. के घटकों ने सहमति की मोहर लगाई जो अपेक्षाकृत बहुत कम जाना पहचाना है। वह नाम है श्रीमती प्रतिभा पाटिल का। तर्क दिया जा रहा है कि स्वतंत्रता की साठवीं वर्ष गाँठ पर किसी महिला को राष्ट्रपति बनाना देश के लिये गौरव की बात होगी। किन्तु अंदरूनी बात यह है कि श्रीमती प्रतिभा पाटिल का मराठी तथा पाटिल होना उन्हें एक अन्य सशक्त दावेदार शिवराज पाटिल के समकक्ष खड़ा करता है तथा उनका शेखावत होना भैरोसिंह शेखावत के समकक्ष। चूँकि वे प्रतिभा पाटिल शेखावत हैं इस बात पर जो दिया गया। उन्हें भैरोसिंह शेखावत की काट माना जा रहा है। साथ ही उनका महिला होना अतिरिक्त योग्यता। यू.पी.ए. के अन्य घटक दल अपने-अपने कारणों से उनके नाम का समर्थन कर रहे हैं। वामदल उपराष्ट्रपति पद पर अपनी पार्टी के सदस्य के लिये सौदेबाजी कर रहे हैं। करुणानिधि भी इसी जुगाड़ में हैं। उ.प्र. की मुख्यमंत्री मायावती ताज़ कैरीडोर मामले में केन्द्र के समर्थन के बदले में प्रतिभा पाटिल का पक्ष लेने को तैयार है।

भाजपा तथा राजग के घटक दल उपराष्ट्रपति भैरोसिंह शेखावत को राष्ट्रपति देखना चाहते हैं। तीसरा मोर्चा असमंजस की स्थिति में है। डॉ. कलाम कभी सरकार की मोहर बन कर नहीं रहे। उनके निर्णयों पर वामदलों ने खुल कर अप्रसनन्ता ज़ाहिर की है। सर्वपल्ली डॉ. राधाकृष्णन के पश्चात् वे दूसरे गैर-राजनीतिक व्यक्ति हैं जो अपनी योग्यता, लोकप्रियता और

सर्वग्राह्यता के बल पर इस पद पर आसीन हुए। भाजपा ने यह कह कर डॉ. कलाम का समर्थन करने की बात कही है कि यदि सर्वसम्मति उनके पक्ष में हो तो भैरोसिंह शेखावत मैदान से हट जायेंगे। स्वयं शेखावत जी ने इस प्रकार की बात कह कर उदारता एवं राजनीतिक-कौशल का परिचय दिया है। किन्तु यू.पी.ए. तथा विशेष कर कांग्रेस कलाम के पक्ष में नहीं है। वे मिसाइल मैन को दुबारा राष्ट्रपति पद पर नहीं देखना चाहते। उधर राजग का घटक दल होने के बावजूद शिवसेना प्रतिभा पाटिल के पक्ष में केवल इसलिए है कि वह मराठी हैं।

राष्ट्रपति पद के लिये मतदान होना निश्चित है। इसमें कोई बुराई भी नहीं। किन्तु राष्ट्रपति के गरिमामय पद को लेकर जिस प्रकार की खींचतान तथा उठा-पटक हो रही है, वह निश्चित रूप से दुर्भाग्यपूर्ण है। अपने-अपने स्वार्थों की पट्टी आँखों पर बाँधे देश के प्रतिनिधियों को सर्वोच्च-पद धारी के गुण, योग्यता, निष्पक्षता, शुचिता, दृढ़ता तथा सर्वग्राह्यता से कुछ लेना-देना नहीं। उन्हें तो ऐसा राष्ट्रति चाहिए जो उनकी बात सुने, उनकी बात माने। क्या यह स्थिति सचमुच दुःखद और चिंताजनक नहीं है?

(जुलाई, 2007)

असंतोष से उभरता हुआ विद्रोह

सुबह का वक्त है। सूरज निकले हुए काफी देर हो चुकी है। आप आँखों के आगे अपने खुले हाथ से रोशनी से उपजी चौंध को रोकते हुए दूर तक देखने की कोशिश कर रहे हैं। आपको नज़र आ रहा है, अपने ही देश के दूरस्थ क्षेत्रों से उठता हुआ धुंआ। कहीं-कहीं तो धुंए से उठती लाल लपटें भी। इन्हें लाल किया है उन मासूमों के खून ने जो यह तक नहीं जानते कि उनका खून क्यों बहाया जा रहा है। जहां-कहीं भी यह दृश्य आपको नज़र आता है तो बस आप उसका नामकरण कर देते हैं और दे डालते हैं एक प्रचलित नाम ''आतंकवाद''।

एक सर्वे के मुताबिक देश के लगभग 55 जिलों में यह उग्रवाद या आतंकवाद अपने पैर निरन्तर पसार रहा है। कश्मीर में ''आतंकवाद'' और देश के दूसरे हिस्सों में पनप रहे इस सैलाब को जगह-जगह, अलग-अलग नामों से पुकारा जाता है—कहीं उग्रवाद, कहीं माओवाद, कहीं नक्सलवाद और कहीं-कहीं केवल विवाद।

केन्द्र में कब्जा जमाये बैठी सरकार, चाहे किसी भी पार्टी की हो, कभी भी इस दिशा में गम्भीर नहीं रही है। एक काम बदस्तूर होता रहता है, वह है कि देश के जिस हिस्से से भी मांग आती है कि ''कुमक भेजो'' तो सरकार अतिरिक्त 'फोर्स' वहां पर भेज देती है। वे जवान बी.एस.एफ. फोर्स, इण्डस्ट्रियल फोर्स या फिर सेना के किसी अंग के होते हैं।

एक जवान उत्तर प्रदेश, हरियाणा, पंजाब या किसी और प्रदेश में जन्मा, बड़ा हुआ, भर्ती हुआ, प्रशिक्षण पाया और उसे भेज दिया गया जगदलपुर, बस्तर, उड़ीसा या आन्ध्र प्रदेश के दूरस्थ जंगलों में। जहां पर वह मुकाबला करता है, उन आतंकवादी या उग्रवादी गुरिल्लाओं का जो उस इलाके के भूगोल से पूरी तरह से परिचित होते हैं। दूसरी बात ये नौजवान वहाँ की भौगोलिक

और सांस्कृतिक परिस्थितियों से बिलकुल अंजान होते हैं। ये लड़ते हैं, मरते हैं, मारते हैं और यदा-कदा कोई एक तमगा लेकर अपने गाँव लौट आते हैं। समस्या चलती रहती है, बढ़ती रहती है और सरकार भी निरन्तर अपना कार्यकाल पूरा करती रहती है।

लेकिन दशकों से चली आ रही इस समस्या का कोई समाधान न तो निकला है और न ही कोई निकालना चाहता है। सभी सोचते रह जाते हैं कि इसका समाधान क्या हो? समाधान मेरे जैसे कलम घिसाऊ लोगों के हाथों में तो है नहीं। समाधान तो वह कर सकता है जिसके पास शक्ति के साथ-साथ साधन भी हों और वह है सरकार।

सरकार पेश कर चुकी है एक ऐसा ही उदाहरण। अभी हाल ही में उत्तर प्रदेश में चुनाव सम्पन्न हुए। सरकार ने इरादा कर लिया कि इस बार चुनाव में न तो कोई हिंसा होगी, न ही बूथ कैपचरिंग और परिणाम आप देख चुके हैं। उत्तर प्रदेश का गत चुनाव एक मिसाल रहा है। इस मिसाल को कायम रखा जा सकता है यदि सरकार यह ठान ले कि हर हाल में साम-दाम-दण्ड-भेद से हमें इस पनपते उग्रवाद/आतंकवाद और फैलते असंतोष की समस्या को केवल कुचलना ही नहीं बल्कि इसको बिल्कुल जड़ से उखाड़ना है। ठीक उसी तरह जिस तरह कैंसर जैसी जानलेवा बीमारी का निदान डॉक्टर उस भाग को रेडीयेशन्स के द्वारा जला देते हैं ताकि बीमारी के लौटने की कोई गुंजाइश ही न बचे। विद्रोह को दबा देना उसका हल कभी नहीं हो सकता।

बस्तर, जगदलपुर, उड़ीसा, मध्य प्रदेश के भीतरी भागों का समीप से निरीक्षण करने पर आप पायेंगे घोर गरीबी से पीड़ित लोग और प्रतिदिन जीवित रहने की निम्नतम वस्तुओं का अभाव और इस तरह से 10-20 साल नहीं बल्कि पीढ़ियों का गुजर जाना ही इस असंतोष का कारण लगता है। इसके अतिरिक्त देश के कुछ हिस्सों में पनपता आतंकवाद इसके बिलकुल विपरीत है। जिसका मुख्य कारण दूसरे देशों की सहायता से हथियार प्राप्त करना और चारों तरफ अशांति पैदा करना हो सकता है। फिर चाहे यह अशांति धर्म के नाम पर हो अथवा भौतिक सुखों के लिए।

इन सबका एकमात्र समाधान है देश की जनता को सम्मानपूर्वक रोजी-रोटी उपलब्ध करवाना और सीमाओं पर पूरी सतर्कता से चौकसी के साथ-साथ अन्तर्राष्ट्रीय स्तर पर अपने देश की प्रतिष्ठा को स्थापित करना। इसके लिए

जिस राजनैतिक इच्छाशक्ति की जरूरत है उसके लिए हमारे नेतृत्व को समय रहते पहल करनी होगी। यह कार्य जितनी जल्दी होगा उतना ही अच्छा होगा। आवश्यकता इस बात की है कि असंतोष को कुचलने की अपेक्षा उसके कारणों को जड़ से समाप्त किया जाए।

(जुलाई, 2007)

आजादी के साठ बरस...

आज कुछ भी लिखने या सोचने का मूड नहीं था, पर यह जो दिमाग है यह कभी शान्त रहता ही नहीं। मन को तो किसी तरह मना भी लिया जाये पर ये श्रीमान फिर भी नहीं मानते।

आज सुबह उठकर मन नहीं था कि पार्क में जाऊं और उन्हीं घिसे-पिटे दोस्तों से रु-ब-रु हूं, जो नाहक खींचे जा रहे हैं जिन्दगी को। अरे भई! माना की रबर में इलास्टीसिटी होती है–लेकिन फिर भी तो आप उसे किसी सीमा तक ही खींच सकते हैं। मेरे पीछे तो पत्नी, बच्चे, पोते सभी पड़े रहते हैं कि पार्क में जरूर जाओ, वहां ताजी हवा है, जिन्दगी है, ताकत मिलेगी, शरीर ठीक रहेगा। पर न जाने क्यों मुझे इनमें से एक भी बात सच्ची नहीं लगती। सच्ची तो परसों की घटना है। सरल जी बोले, "चलो गौड़ साहब! शलभ जी के यहां हो आयें। कावड़ वाले जो हरिद्वार से आ रहे हैं, उनकी जो भीड़ है वह तो दिल्ली बॉर्डर तक ही है और हमें तो गुड़गाँव जाना है। पता नहीं क्यों मति मारी गई, और मैं सरल जी (अच्छे कवि हैं, वरिष्ठ हैं) के साथ गुड़गाँव को चल दिया।

रास्ते में हमारी चर्चा आज के हिन्दी साहित्य, विशेष कर गीत और कविता पर चल रही थी, बीच-बीच में 'शलभ' जी का जिक्र आ जाता था–वे रिटायर्ड प्रिंसिपल हैं, अच्छी कविता लिखती हैं, सरल जी की बड़ी कृपा-पात्र हैं।

हम महरौली पार कर राजीव चौक के पास पहुंचे ही थे कि "धड़ाम" की आवाज से गाड़ी डगमगा (डिस्बैलैंस) गई, सामने का शीशा चूर-चूर हो गया, अभी कुछ सोच पाते कि तभी किनारे-किनारे चल रहे कुछ भगवान शिव के भक्तों ने हमारी कार पर डण्डे बरसाने शुरू कर दिये और गलती से सरल

जी, जिन्हें अपने प्रोफेसरपने की याद आ गई, मेरे मना करने पर भी दरवाजा खोल कर उन उन्मादियों को समझाने के लिए उतरने का प्रयास करने लगे, तभी एक शिव भक्त ने एक लाठी उनकी कमर पर जड़ दी।

गनीमत यह थी कि हम दोनों बूढ़े थे, सो सिवाय एक लाठी का वार, दो शीशे कार के, एक सामने की लाइट तुड़वा कर हम वापिस लौट लिये। पता यह चला कि आगे एक ट्रक दो कावड़ियों को मार कर चला गया है। और अब वे लोग बस, ट्रक, कार जो मिलता है, जला रहे हैं, पत्थर बरसा रहे हैं।

लौटते हुए सरल जी दर्द से कराह रहे थे और बात भी टुकड़ों में कर रहे थे।

"गौड़ साहब! यह सब क्या है। कैसा दीवानापन है, कैसी भक्ति है, कैसा न्याय है? करे कोई और भरे कोई, मार जाये ट्रक और लाठी खायें हम। कार हमारी तोड़ी जाये। न जाने क्या-क्या सरल जी रुक-रुक कर कहे जा रहे थे।"

"बस करो सरल जी! बस यह सोचो कि यह एक आजाद देश है और आजाद देश का यह 60वाँ कावड़ मेला है। प्रतिवर्ष कुछ लोग तो वे मरते हैं जिन्हें राजधानी से 20 कि.मी. दूर हार्ट अटैक पड़ता है और दिल्ली ले जाते हुए घन्टों जाम में फंसे रहना पड़ता है। कुछ लोग भक्ति की गंगा में नहाते हुए बह जाते हैं और कुछ शिव का ताण्डव करते इन कवाड़ियों के ताण्डव से मर जाते हैं, जैसाकि आप देख रहे हैं। और आप तो बूढ़े हो गये हैं वरना आप भी ताण्डव कर सकते हैं, क्योंकि हम सब बिलकुल आजाद हैं। आजाद हैं हम कुछ भी करने के लिए।

तभी कराहते हुए सरल जी के मुँह से निकला, "वाह रे गाँधी! क्या इसीलिए आजादी दिलाई थी।" पता नहीं उनके इतना कहते ही, मैं क्यों भड़क गया। "सरल जी! आप एक अच्छे कवि हो सकते हैं लेकिन विद्वान बिलकुल भी नहीं। यदि आप लिखे-पढ़े की जगह पढ़े लिखे होते तो गाँधी जी के साथ-साथ भगतसिंह, अश्फाक उल्ला खां, रामप्रसाद बिस्मिल, राजगुरु, सुखदेव, लोकमान्य तिलक, सुभाषचन्द्र बोस, वल्लभ भाई पटेल और उससे थोड़ा ओर पहले चलें तो रानी लक्ष्मी बाई, मंगल पाण्डे और न जाने कितने नाम जिनसे इतिहास भरा पड़ा है, का भी तो जिक्र करते। गांधीजी तो

इनके-हमारे-सबके सरताज थेइससे इन्कार नहीं किया जा सकता।

मैं मानता हूं कि गाँधी जी का एक बड़ा योगदान था, आजादी दिलाने में। लेकिन वे नींव के पत्थर जो बेचारे बाहर निकल कर यह देखने में असमर्थ हैं कि उनके ऊपर खड़ी आजादी की बिल्डिंग कितनी भव्य है उनका आज कहीं भी जिक्र नहीं।

काश! हम आजाद भारत के लोग आजादी का मतलब समझ पायें। काश हमारे कर्णधार इस दिशा में कुछ कदम उठा पायें। काश यह तंत्र थोड़ा संवेदनशील बन पाये और काश हम खुद आजादी के बाद की इस दूसरी और स्कूल-कालेजों में पढ़ती तीसरी पीढ़ी को आजादी और उसके इतिहास के विषय में कुछ सही-सही बता पायें और समझा पायें आजादी का मतलब।

(अगस्त, 2007)

बिन पूछे समझौता

मेरा एक दोस्त है। आयु में पन्द्रह साल छोटा पर वैचारिक उम्र में कभी-कभी मुझ से बड़ा। हम दोनों में बहुत-सी समानताएं हैं। देश में उठते हुए किसी भी बवाल से–दोनों समान रूप से जुड़ जाते हैं। उस पर लगातार बहस करते हैं और फिर बहस को एक अधूरा विराम देते हुए विदा ले लेते हैं।

इन दिनों देश में दो बड़ी-बड़ी बातें हुईं, बल्कि ऐतिहासिक घटनाएं घटीं ऐसा कहना अधिक उचित होगा। पहली है–भारत और अमेरिका के बीच एक असैनिक परमाणु संधि का होना, जिसे परमाणु करार कहा गया और समाचार-पत्रों ने उसे 1 2 3 का नाम दिया। दरअसल यह समझौता अमेरिका के किसी डिफेन्स एक्ट की धारा 123 की शर्तों के तहत हुआ इसलिए इसे 1 2 3 कह दिया गया।

हमारे प्रधानमंत्री श्री मनमोहन सिंह ने अमेरिका के साथ यह परमाणु समझौता बड़ी ईमानदारी से देशहित को ध्यान में रखकर किया है। कोई भी संवैधानिक सरकार किसी दूसरे देश से अपने देशहित में कोई भी समझौता कर सकती है, सो उन्होंने अपनी सहयोगी पार्टी (सी.पी.एम.) से भी पूछने की जरूरत नहीं समझी और समझौता कर लिया, जबकि उनके विषय में सामान्य राय तो यह है कि वह कोई भी फैसला या घोषणा बिना पूछे नहीं करते।

वह जब स्वदेश लौटे तो हक्के-बक्के रह गये। उनके मुख्य सहयोगी वामपन्थी एक दम बिफर गये, तन गये, सम्बन्ध विच्छेद तक की धमकी दे डाली। फिर किसी तरह सोनिया जी की दुहाई देकर उन्हें शान्त किया गया। अब सोनिया जी विदेश से लौटी हैं। उम्मीद है वामपंथियों के पहले के विरोधों की तरह ही यह विरोध भी शान्त हो जायेगा और यह समुद्र वैसे ही शान्त हो जायेगा जैसे इसमें कभी ज्वार आया ही नहीं था।

तो मैं अपने दोस्त की बात कर रहा था। आज जब वह आया तो देश के ऊपर पहले की ही तरह चर्चा शुरू हो गई। पहले तो ऊपर वाली बात पर ही हम भिड़ते रहे। वह कहने लगा कि वामपंथियों के नेता श्री प्रकाश करात यूं तो बहुत-सी बातें करते हैं पर आज अचानक उन्होंने एक ऐसी बात कह दी जिसे पढ़कर मेरे गले में ऐसी खराश हो गई है कि काफी खंखारने के बाद भी गला नार्मल नहीं हो रहा है। तुमने आज के समाचार-पत्र देखे होंगे—श्री करात ने कहा "हमें चीन की चिन्ता नहीं है, हमें तो अपने देश की चिन्ता है।" अरे कामरेड! कुछ ऐसी बात तो कहते जो सबके गले उतर जाती। मुझे तो लगता है इसे पढ़कर न जाने कितनों के गलों को खराश तंग करने लगी होगी, जो तुम्हारी इस बात से पैदा हुई है। कामरेड! अगर तुम्हारी यह बात सही है तो ईरान से पाइपलाइन बिछाने के काम में जब एक कम्पनी ने कहा कि दस हजार चीनी इंजीनियरों को भारत लाना पड़ेगा उनका वीज़ा चाहिए और भारत सरकार ने उसके लिए मना कर दिया था तो तुम्हारी पार्टी ने कितना हल्ला मचाया था। कितना चीनी प्रेम उमड़ आया था उस समय। और अब आप कहते हैं कि हमें चीन से कुछ लेना-देना नहीं।

इस जरा सी बात से मेरा दोस्त बेहद झल्लाया हुआ था और टेंशन में था। बड़ी मुश्किल से मैं उसे नार्मल कर पाया। उसे विदा करते-करते मुझे ख्याल आया और मैंने पूछा, "भई, वह दूसरी घटना क्या थी?" उसने बताया कि वह घटना भी कम महत्वपूर्ण नहीं है, वह है अभी-अभी उपजा क्रिकेट का विवाद। एक अच्छी भली संस्था थी—बी.सी.सी.आई. (भारतीय क्रिकेट कन्ट्रोल बोर्ड) अच्छा भला कमा खा रही थी। पता नहीं खेत में खरपतवार के साथ आई.पी.एल. (इण्डियन प्रीमियर लीग) नाम का पौधा कहां से उग आया और देखते ही देखते इतना महत्व पा गया कि अब बेचारे बी.सी.सी.आई. को लेने के देने पड़ रहे हैं। दरअसल यह अपने आप में एक बड़ा मुद्दा है। इस पर अगली बैठक में चर्चा होगी।

इतना कहकर मेरा दोस्त भुनभुनाता हुआ चला गया।

(सितम्बर, 2007)

आख़िर उनका कसूर क्या है?

रस्सी जल गई पर बल ज्यों के त्यों रहे। राजे-रजवाड़े चले गये पर रीति-रिवाज, उनकी कार्यशैली, उनकी मानसिकता, उनकी सोच उसी तरह बरकरार है और विशेष कर उन लोगों में जिनकी भागीदारी सत्ता में है और जो सत्ता में सर्वोच्च आसन पर विराजमान हैं। चलिये पहले उत्तर प्रदेश से ही शुरू करते हैं।

नया निजाम आया। मुलायम सिंह गये और मायवती आईं। दोनों की राशि एक और सोच भी (बदले की) लगभग एक जैसी। शुरू में तो लगा था कि सुश्री मायावती अब जो भी फैसले लेंगी वह बहुत सोच-समझ कर लेंगी, लेकिन कथनी-करनी से पीछे छूटती नजर आ रही है।

कार्य करने की शैली से तो लगता है कि केवल राजनीतिक विरोध ही नहीं बल्कि व्यक्तिगत भी है और दोनों के बीच एक ऐसी समझ जन्म ले चुकी है कि तू मेरा किया हुआ पलट और मैं तेरा किया हुआ। "हाथ कंगन को आरसी क्या और पढ़े लिखे को फारसी क्या"–मुलायम सिंह के राज्यकाल में अम्बेडकर पार्क की अनदेखी रही तो मायावती जी ने तुरन्त सबसे पहले इसकी सुध ली। और मुलायम सरकार ने गाज़ियाबाद में लोहिया पार्क या कोई अन्य जनहित का अच्छा कार्य किया तो निगरानी में आ गया। शक की नजर से नहीं बचा।

मायावती ने अनेक वरिष्ठ-कनिष्ठ पुलिस अधिकारियों को निलंबित कर दिया। एक निलम्बित पुलिस अधिकारी की पीड़ा कुछ इस तरह उभर कर आई–

"हम तो नदी के साथ थे
जल-धार में बहते रहे
पालन किया आदेश जैसा भी मिला
हम उसी की पूर्ति करते रहे।"

महिला सिपाहियों को निकालने के साथ-साथ तो नैतिकता की सभी हदें पार कर दीं। यह टिप्पणी देकर कि भर्ती के समय उनमें से कुछ का शारीरिक शोषण भी संभवतः हुआ। बिना किसी प्रमाण के ऐसा लाँछन जिससे नौकरी के साथ-साथ उनका जीवन भी संकट में पड़ गया। वे कैसे जी पायेंगी इस लाँछन के बाद। एक और प्रश्न पैदा होता है कि माना यह भर्ती गलत तरीके से हुई, रिश्वत का बोलबाला रहा, अफसर लिप्त रहे आदि-आदि, पर उन लोगों का क्या क़सूर है जो परीक्षा के मापदंडों पर खरे उतरे हैं। और हम तो इसे भी सिरे से नकारते हैं कि रिश्वत देने वाला और लेने वाला दोनों ही समान रूप से मुजरिम हैं। यदि यह कानून की जद में है तो इसे बदलना चाहिये। भला यह कैसे संभव है कि रिश्वत देने वाला उतना ही बड़ा गुनहगार है जितना मांगने वाला, या लेने वाला। अरे भई देने वाले को तो मजबूर किया जाता है कि वह रिश्वत दे वरना उसका काम या तो होगा ही नहीं या फिर उसे अपने काम करने के लिये हजारों चक्कर लगाने पड़ेंगे। रिश्वत लेने वाला यह नहीं देखता कि सामने वाला रिश्वत देने के काबिल भी है या नहीं, उन्हें तो बस चढ़ावा चाहिये। उसे तो इतना मजबूर किया जाता है कि तू चाहे अपना घर-द्वार बेच, जेवर बेच, चोरी कर, डाका डाल हमें इस बात से कोई मतलब नहीं, हमें तो बस रिश्वत चाहिये जिसे आजकल सुविधा शुल्क भी कहा जाता है। तो भला आप ही बतायें कि रिश्वत देने व लेने वाला दोनों बराबर के गुनहगार कैसे हो सकते हैं।

अब क्या करें बरखास्त हुये अफसर और सिपाही? मुख्यमंत्री का आदेश है इसे तो कोई पलट ही नहीं सकता। कहीं कोई किरण नजर आती है तो केवल न्यायालय।

सिपाही भर्ती में यदि कोई घोटाला हुआ है तो उसकी जाँच कराया जाना, घोटाले में लिप्त अधिकारियों को दंडित किया जाना तथा जो लोग नियमों तथा मापदंडों को दरकिनार करके भर्ती कर लिये गये हैं, उन्हें नौकरी से हटाया जाना उचित और आवश्यक है। किन्तु इस पूरे मामले में हमारा सुविचारित एवं स्पष्ट मत है कि केवल उन्हीं सिपाहियों को हटाया जाना चाहिये जो निर्धारित मापदंडों पर खरे नहीं उतरे हैं। आवश्यकता होने पर उनका बौद्धिक एवं शारीरिक स्तर पर पुनर्परीक्षण कराया जा सकता है। पूरी भर्ती को निरस्त कर देना एक अटपटा निर्णय है। महिला सिपाहियों के यौन शोषण के सम्बन्ध

में देखने की बात यह है कि क्या ये शिकायतें केवल उन्हीं अभ्यर्थियों ने की हैं, जो चुनी नहीं गईं। उनकी शिकायत के पक्षपात पूर्ण होने की पूरी सम्भावना है। अतः इस प्रकार की शिकायतों की जाँच में बहुत अधिक सतर्कता बरतने की आवश्यकता है। भर्ती किये गये जिन सिपाहियों के मामले में कोई अनियमितता नहीं बरती गई है, उन्हें हटाया जाना एक गलत निर्णय है। आखिर उनका कसूर क्या है। हमें विश्वास है कि उनके सम्बन्ध में शासन पुनर्विचार करके उनके साथ न्याय करेगा।

(अक्तूबर, 2007)

सिमटते उजाले, पसरते अँधेरे

दीपावली मनाने में अभी कई दिन शेष हैं। कार्तिक मास की अमावस्या के अंधकार में लोग अपने घरों को दीपमालाओं से सजाकर इस घोर अंधकार को दूर करने की पूरी कोशिश करते हैं, ताकि उनके जीवन में भी दीपावली की चमक भर जाये। इस दिन जगमग रोशनी के साथ-साथ एक बात और विशेष होती है कि शहर की हर गली में जली बारूद की गंध भर जाती है और फिर लोग आवाहन करते है लक्ष्मी माँ का जो धन की देवी कहलाती हैं।

कुछ सच्चाईयों से रू-ब-रू होने के लिये आदमी को भेष बदलना पड़ता है और स्थान भी। विचारों की यह रील मेरे दिमाग में चल रही थी और कार दिल्ली की एक चौड़ी सड़क पर दौड़ रही थी। अपने एक अधिकारी मित्र को दीपावली की शुभकामनायें देनीं थी (शुभ कामना कार की डिग्गी में एक चमकदार पन्नी में लिपटी हुई रखी थीं। कुछ दूर पर सड़क के किनारे एक खोखे पर चन्द आदमियों की भीड़ दिखी। मैंने गाड़ी उससे पहले ही पार्क करवा दी और वहाँ तक पैदल ही जा पहुँचा। बैंच पर दो आदमी बैठे चाय पी रहे थे। मैं जब उनके पास जाकर खड़ा हो गया तो एक आदमी जो बूढ़ा सा लग रहा था एक ओर खिसकते हुये बोला ''बैठिये बाबू जी!'' बस मुझे इसी का इन्तजार था। मैं उन दोनों की बगल में बैठ गया।

खिसकती उमर के उस आदमी से मैंने कई सवाल एक साथ कर डाले– क्या आप यहाँ रोज चाय पीने आते हैं? आप क्या करते हैं? आपका नाम क्या है? कहाँ रहते हैं? आदि-आदि। उस बूढ़े आदमी ने काफी देर चुप रहकर बोलना शुरू किया–

''बाबू जी! जहाँ से हम आये हैं वह छतरपुर जिले का एक छोटा-सा गाँव है, जहाँ सिवाय प्रधान के सब के घर पर छप्पर हैं और मिट्टी की कच्ची

दीवारें हैं। उसे छोड़े हुए आज आठ साल हो गये। अब तो हम आपके ही शहर के झुग्गी वाले हैं और साल में एक बार हमारा डेरा बदल जाता है, जब सरकारी बुलडोजर और सिपाही आकर सिर पर खड़े हो जाते हैं। फिलहाल पिछले दो साल से जमुना पुश्ते पर अपनी पक्की झुग्गी है पर दादा को पचास रुपये महीना देना पड़ता है। वैसे तो वह भला आदमी है पर किराया न मिलने पर पिटाई भी करता है और झुग्गी भी खाली करवा लेता है। इसकी दाद-फरियाद कहीं नहीं होती। और रही काम की बात तो यह जो रिक्शा खड़ा है यह अपनी रोजी-रोटी है। और यह जो सामने मालिक की कोठी है इसकी मेहरबानी से दीपावली मन जाती है। इनकी कोठी को हर साल लड़ियों से सजाना और दीपावली के चार दिन बाद उतारना बरसों से यह काम हम ही कर रहे हैं। दीपावली के बाद मालकिन कई तरह की मिठाईयाँ भी देती हैं और पैसे भी।''

वह कह रहा था और मैं कहीं खोया हुआ सुन रहा था। अपने उजड़ते गाँव का नक्शा मेरी आखों में आकार ले रहा थ। वे सारे लोग याद आ रहे थे जिनमें से अधिकांश अब नहीं रहे। दिमाग में नगरीय दीपावली और देहाती दिवाली का तुलनात्मक अध्ययन चल रहा था, तभी कुछ पंक्तियां हवा में तैरतीं हुईं मेरे पास आईं–

थाल में दीपक जलाकर
और बताशों से सजाकर
बाँट आओ कुछ उजाला
तुम उजड़ते गाँव जाकर।

एक ओर पूजा के बाद बारूद जलनी शुरू हो जाती है और दूसरी ओर पूजा के बाद गाँव में बताशे बाँटने शुरू हो जाते हैं। वह आदमी जिसका नाम पाटनदीन था (बाद में पता चला) अपने गाँव की यादों में खोता चला गया और बयाँ करता रहा अपना गुजरा जमाना। मैं भी अपने बेकार के ऐसे ख्यालों मे डूबता उतरता रहा कि क्यों है ऐसा कि एक ओर शहर की हर गली बारूद की गन्ध से भर जाती है जिसमें साँस लेना मुश्किल हो जाता है और दूसरी ओर गाँव के अधनंगे बच्चे चन्द बताशों की बन्दर बाँट पर लड़ पड़ेत हैं।

क्या मेरे अकेले सोचने से कुछ होगा? उत्तर था हाँ–शायद कुछ और लोग भी जरूर ऐसा सोचना शुरू करेंगे, शुरुआत तो ऐसे ही होती हैं। एक

बात और, मैं जहाँ समस्त देशवासियों को दीपावली की हार्दिक शुभकामनाएँ देना चाहता हूँ, वहीं उन महापुरुषों से, जो अक्सर कहा करते हैं कि–

'तुम खिलाओ रोशनी के बौर
हम बढ़ायेंगे अँधेरे और'

यह अनुरोध करना चाहता हूँ कि वे अपने कुत्सित इरादे छोड़ दें। दीपों का पावन पर्व उन्हें सद्‌बुद्धि दे।

(नवम्बर, 2007)

राजनीति में शब्दों का घालमेल

आज़ादी के साठ बरस अर्थात् छः दशकों में राजनीति के भिन्न-भिन्न आयाम देखने को मिले हैं। पं. नेहरू से लेकर श्री मनमोहन सिंह तक के एक लम्बे सफ़र में राजनीति चलकर आज ऐसे मुकाम पर पहुंची है, जहां राजनीति और राजनीतिज्ञ के प्रति आम आदमी की और विशेषकर बुद्धिजीवी की धारणा ही बदल गई है। बात यहां तक पहुंच गई है कि बड़ी से बड़ी घटना, दुर्घटना की ख़बर जब छपती है तो सतही तौर पर ही पढ़ी जाती है। प्रायः हैडिंग पढ़कर ही समाचार-पत्र को एक ओर सरका दिया जाता है। पाठक के मानस पटल पर एक धुंधला-सा चित्र उभरता है और चन्द मिनट में वह स्वयं ही मिट जाता है।

कारण बड़ा स्पष्ट है कि कोई नेता आज किसी घटना के सन्दर्भ में तत्काल अपनी प्रतिक्रिया व्यक्त नहीं करता। डरता है कि कहीं ऐसा न हो कि मेरी अपनी अभिव्यक्ति से मेरे आका ही नाराज हो जायें। इसलिए वह दाँये-बाँये, ऊपर-नीचे देखकर एक आध-दिन इंतज़ार करने के बाद ही अपनी प्रतिक्रिया व्यक्त करता है।

अब छोटे नेताओं या कार्यकर्ताओं की बात छोड़कर हम सीधे-सीधे प्रधानमंत्री के 21 नवम्बर के हिन्दुस्तान टाइम्स के प्रथम पृष्ठ पर छपे उस वक्तव्य पर आते हैं जिसमें बड़े मोटे-मोटे अक्षरों में छपा है कि ''नन्दीग्राम वायलैंस इज़ अनफारच्यूनेट'' (प्रधानमंत्री भारत श्री मनमोहन सिंह उवाचः।)

अब यदि आपका सरोकार देश की प्रगति में उसमें घटती घटनाओं से हैं और विशेषकर उन घटनाओं से जिनके घटने पर परिवार के परिवार हमेशा-हमेशा के लिए बर्बाद हो जाते हों, महिलाएं स्वयं के साथ होते हुए बलात्कार को भोगती हों और अपनी ना-बालिग बेटियों के साथ होता सामूहिक

बलात्कार स्वयं देखती हों (समाचार-पत्रों में छपे हुए के आधार पर), और लोगों के घर जलाकर राख कर दिये जाते हों और आदमी का मारा जाना एक साधारण कृत्य बनकर रह जाता हो और इस सबके पश्चात् हैड ऑफ द स्टेट अर्थात् देश का प्रधानमंत्री अपनी प्रतिक्रिया और वह भी एक लम्बे अंतराल के बाद इतने सधे हुए शब्दों में या कहूं कि इतने कमजोर शब्दों में व्यक्त करे कि जो कुछ नन्दीग्राम में हुआ, वह दुर्भाग्यपूर्ण है। तो मैं इसे यूं कहना चाहूंगा कि दुर्भाग्यपूर्ण तो उस आबादी का नन्दीग्राम में बसना था, जहां यह वीभत्स घटना घटी है।

क्या प्रधानमंत्री जी इसे थोड़ा-सा स्पष्ट कर यह नहीं कह सकते थे कि वीभत्स काण्ड की जितनी भी निन्दा की जाये कम है। इसकी जाँच-पड़ताल देश के कुछ न्यायप्रिय, मानवता से जुड़े हुए लोगों की समिति गठित करके कराई जाये और दोषियों को कड़ी से कड़ी सजा दिलाई जाएगी।

लगता है इतनी स्पष्टवादिता लाने में बड़े ख़तरे हैं। वाम भाइयों का नाराज हो जाना, सत्ता का चला जाना आदि। क्योंकि घर की छत यदि चार पायों पर टिकी हो तो स्वाभाविक है कि केवल एक पाये के हटा देने से ही छत नीचे आ जायेगी। इसलिए वह स्पष्ट बात नहीं कही जा सकती जिससे कोई पाया क्रोधित होकर हिलने लगे और वह छत नीचे आ जाये, जिसके नीचे देश को चलाने वाले, और जनता पर राज करने वाले सुरक्षित बैठे हैं।

लेकिन एक बात तो बड़ी स्पष्ट हो गई है कि नन्दीग्राम की घटनाओं ने वामदल वाले पाये को इतना कमज़ोर कर दिया है कि अब वह सीधा खड़ा रहने से भी डर रहा है। क्योंकि उसे मालूम है कि अब की बार जब उसकी पार्टी के प्रतिनिधि वोट माँगने जायेंगे तो वहां क्या पायेंगे, और जनमानस की आँखों से बरसती घृणा को कैसे झेल पायेंगे।

(दिसम्बर, 2007)

स्वागत है तेरा 2008

नव वर्ष तेरा स्वागत है। तेरा स्वागत इसलिए कि हम ढेर सारी उम्मीदें तुझसे लगाये बैठे हैं।

यह मेरी ही नहीं मेरे उन सभी देशवासियों की तथा सारी दुनिया के लोगों की आवाज है, जो आँखों में सपने और हाथों में ढेर सारे फूल लिये तेरे स्वागत में तैयार खड़े हैं। मेरे देश के लोग जाते हुए साल में कैसे रहे, यह मत पूछ। नहीं तो तेरे मन में समाई सारी खुशियों में से कुछ व्यर्थ ही सिसकियों में बदल जायेंगी और साथ ही कुछ नाचने-गाने लगेंगी, कुछ रैंप पर उतरने को मचलेंगी।

फिर भी जब तेरा आग्रह है तो तुझे कुछ तो पता चले कि हम 2007 में कैसे रहे? तो बस मैं थोड़ी सी बातें तुझे बता पाऊँगा कि हमने जी.डी.पी. बढ़ा ली, लगभग किसी भी विकसित देश के बराबर। हमने अपने सैंसैक्स को आशाओं से कहीं आगे नई ऊँचाइयों तक पहुंचा दिया और इससे पता है क्या हुआ? दुनिया भर के अन्य लोग जिनका पैसा हमारे देश में लगा हुआ है, खुशी में इस तरह पागल हुए पड़े हैं कि उन्हें इतना भी होश नहीं कि तेरे स्वागत में वे कितनी पियें, कितने नाचें और उनके कुछ सगे-सम्बन्धी, उनके कुछ परिवार के सदस्य तो इस कदर पागल हुए हैं कि केवल नाम मात्र के परिधान लपेटे रैंप पर उतर रहे हैं। रैंप का मतलब मैं हमेशा उस ढलवाँ रास्ते को समझता रहा, जिसे हम अपने घर और सड़क के बीच आवागमन के लिये बना लेते हैं। यह तो बाद में पता चला कि उस समतल प्लेटफार्म को भी रैंप कहते हैं, जिस पर आज के नवयुवक (विशेष कर युवतियाँ) बिल्ली की चाल चलतीं हैं, जी हाँ इसे ही कैट वॉक कहा जाता है।

अरे! मैं तो तेरा स्वागत करते-करते सचमुच भटक गया और एक वर्ग विशेष में ही अटक कर रह गया। यह बताना भूल गया कि शेयर बाज़ार,

जी.डी.पी. ग्रोथ आदि से हटकर बड़े-बड़े धनाढ्य व दुनिया की बड़ी-बड़ी कम्पनियाँ अपना पैसा लेकर भारत की ओर दौड़ पड़ीं हैं और एक अन्धी दौड़ शुरू हो गई है कि हम इस विकासशील देश में कितनी बड़ी और कितनी ऊँची अट्टालिकाएं बना सकते हैं। कितने होटल, कितने मॉल, सिनेमा घर, बिजली घर, खानें, लोहे के बड़े से बड़े कारखाने लगा सकते हैं।

यह सब देखा 2007 ने और साथ ही एक और चीज़ भी देखी। उसने देखी भूख, निर्धनता, भूख से तंग आकर परिवार सहित आत्महत्या करते लोग, अपनी नाम मात्र की टुकड़ों में बँटी हुई जमीन पर मरते लोग। लोग मर गये, मार दिये गये, घर जला दिये गये। केवल इस कसूर के चलते कि वे बड़े कारखानों के निर्माण के लिए अपनी जमीन छोड़ने को तैयार नहीं थे। हालाँकि सरकार ने उनसे कहा था कि यह सब उनकी भलाई के लिये है, उनके उज्जवल भविष्य के लिये है। लेकिन उन्हें यकीन ही नहीं था। वे विश्वास करते भी तो कैसे, क्या उनके सामने कोई ऐसा उदाहरण था कि जिनकी भूमि पर निर्माण हुए और उनकी वजह से जो लोग बेघर-बार और बेरोजगार हुए उन्हें समुचित सुविधाएं देकर बसाया गया?

एक यही प्रश्न था जो उन्हें कचोटता था और इसी को लेकर वे मर कट गये, खप गये, दफ़न हो गये अपनी ही उस जमीन में, जिस पर सरकार प्रगति की मीनारें खड़ी करना चाहती थी।

और 2008, तनिक सुन, 2007 तुझसे क्या कह रहा है, ध्यान से सुन—

मैं 2007, तो इन हादसों की तस्वीर...अपने मन में संजोकर ले जा रहा हूँ...पर मेरे भाई 2008! तू ध्यान रखना कि ये मेरे देशवासी जिस खुशी से तेरा स्वागत कर रहे हैं, तू भी इनका ख्याल रखना। और जो वायदे तेरे कार्यकाल में किये जायें उनकी पूर्ति की पूरी कोशिश करना। और अपने प्रथम दिन के निकलते हुए सूरज से कहना कि जब वह इस धरती पर उगे तो, हर चीज को, हर प्राणी को, सुनहरे रंग से सराबोर कर दे और उनका विशेष ख्याल रखे जो उसे नित्यप्रति इसी उम्मीद में जल चढ़ाते हैं कि इस साल जरूर उनके हालात सुधरेंगे।

अब मैं, 2007 जा रहा हूँ और मेरे मित्र 2008! मैं तेरा स्वागत करता हूँ कि तू आ और मेरे देशवासियों के लिये नई-नई खुशियाँ ला। मेरे भारत को अपने पहले दिन के सूरज की तरह चमका।

(जनवरी, 2008)

प्रजातंत्र में लिखे-पढ़े और पढ़े-लिखे

किसी भी प्रजातांत्रिक देश को चलाने के लिये जो सदन गठित होता है, उसमें जनता द्वारा चुने हुए प्रतिनिधि आते हैं। फिर संख्या बल पर तय होता है कि देश को कौन चलायेगा। स्पष्टतया जिस पक्ष की संख्या अधिक होती है वह शासन चलाता है। सत्तारूढ़ होकर सारे देश को जैसे चाहे वैसे हाँकता है। जैसे चाहे वैसे नियम कानून बनाता है या फिर बने हुए कानूनों में संशोधन करता है।

इस सबसे एक बात उभर कर आती है कि प्रजातंत्र की परिभाषा संख्या बल में सिमट कर रह गई है। मान लीजिये कि पचास की भीड़ में बीस बड़े-बड़े विद्वान-राष्ट्रवादी व्यक्ति हैं और तीस ऐसे जिनकी नीयत साफ नहीं है। उनकी सोच इस पर टिकी है कि पता नहीं किन कर्मों (या कुकर्मों) के कारण वे यहाँ तक पहुँचे हैं और सांसद बने हैं। इस बात की क्या गारंटी है कि अगले चुनाव में भी उनकी जुगाड़ काम कर पायेगी। अब जाहिर है कि प्रजातांत्रिक प्रणाली के अनुसार देश के हित और अपने निजी हित के बीच कोई फैसला लेना है तो निश्चित रूप में यह फैसला देश हित में नहीं हो पायेगा क्योंकि फैसला होगा उन तीस सदस्यों की मर्जी से जो संख्या बल में अधिक हैं। अब इसका तोड़ कुछ नहीं है और यदि हो सकता है तो फिर वहीं पर लौटना पड़ेगा, जहाँ से ये बैठे हुए सदस्य वोट माँगने खड़े हुए थे। अर्थात् अगर सकारात्मक सोच के व्यक्तियों का चुनाव हो सके तभी वह फैसला देश हित में हो पायेगा, अन्यथा कमान उन तीस आदमियों के हाथ में ही रहेगी।

ऐसे अवसर भी अक्सर आते हैं कि किसी दल को बहुमत नहीं मिलता, और तब कुछ अन्य दलों को साथ लेकर सरकार का गठन किया जाता है। गठबंधन सरकार कुछ दिन तक तो ठीक चलती है और फिर जब निजी हित नहीं सधते तो फिर गठबंधन की इस सरकार को भीतर से और बाहर से

धमकियाँ मिलनी शुरू हो जाती हैं और वे सदस्य भी कमजोर पड़ने लगते हैं जो अब तक ठीकठाक थे। वे चाहते हैं कि ठीक बने रहें पर अब तक सत्ता का स्वाद उनके मुँह लग चुका होता है। अब वे भी इतना साहस नहीं जुटा पाते कि कोई सकारात्मक निर्णय ले सकें और सत्ता की परवाह न करते हुए कह सकें कि चलो फिर से चलते हैं जनता के पास। साहस जुटाने का मतलब होगा सत्ता से हाथ धोना और ऐसा कोई तब तक नहीं चाहेगा जब तक हालात इसके लिये मजबूर न कर दें, या संसद अपना कार्यकाल पूरा न कर ले।

एक बड़ा भ्रम कुछ नेता लोग पाले रहते हैं कि वे देश चला रहे हैं, पर यह सत्य नहीं है। देश तो चल रहा है अपने स्वयं के अर्जित बल से, एक मोमेन्टम फोर्स से। अगर आप देश चला रहे होते तो क्यों आये दिन किसान मजदूर या बेरोजगार या दूर इलाकों के आदिवासी अपने जीवन की आहुतियाँ देकर इस जग को छोड़ जाते। क्यों हर साल मौसम की मार से हजारों लोग बेघर हो जाते।

ऐसा नहीं है कि इसके लिए योजनाएं नहीं बनती हैं। बनती हैं, पर कार्यान्वित कितनी होती हैं? इस सन्दर्भ में स्व. राजीव गाँधी की याद आती है जिन्होंने कहा था कि विकास के मद के एक रुपये में से केवल बीस पैसे ही, अन्तिम व्यक्ति तक पहुँच पाते हैं। हालात आज भी कमोबेश वही हैं।

तो क्या कोई ऐसा रास्ता है जिससे हालात सुधरें? शायद है, और वह रास्ता है संसद में सत्ता पक्ष तथा विपक्ष के सदस्यों में कुछ स्वस्थ परम्पराओं के बीजारोपण का। एक की सुझाई बात कितनी देशवासियों के हित में है उस पर बहस हो, न कि ऐसे शब्द बाण दागे जायें कि दूसरा पक्ष आहत होकर उससे भी विषैले शब्द बाणों का प्रयोग करे और शुरू हो जाये शब्दों का युद्ध और घायल होता रहे देश।

और यह सब अभी कुछ दिन पहले प्रत्यक्ष देखने को मिला गुजरात में। वहाँ चले वाक्‌युद्ध को देखकर याद आये द्रौपदी के वे शब्द बाण जो उसने दुर्योधन के लिये उचारे थे। जो बने थे महाभारत-युद्ध का कारण और इतिहास को कुरेदा जाये तो परिणाम साफ दिखाई देगा कि वह राज्य ही समाप्त हो गया था, जिसके लिये महाभारत लड़ा गया।

तो आवश्यकता है पढ़े-लिखे लोगों की, संयमी लोगों की, केवल लिखे-पढ़ों की नहीं, संसद में भी और जनता में भी।

(जनवरी, 2008)

हंगामा है क्यों बरपा...

गुलाम अली की बड़ी मशहूर ग़ज़ल के बोल हैं ये। पता नहीं क्यों जब समाचार-पत्रों में शेयर बाज़र को लुढ़कते हुए देखा, और देखा निवेशकों के लटकते हुए चेहरों को, तो तकलीफ के साथ इसके बोल कुछ इस तरह याद आये–''हंगामा है क्यों बरपा, जब ये थोड़ा-सा है लुढ़का''।

शेयर बाज़ार जब धड़ाम से नीचे गिरा तो आवाज की गूँज बहुत दूर तक गई। यहाँ तक कि देश के वित्तमंत्री भी चिंता में डूबते दिखाई दिये। अपनी शॉल को चारों ओर लपेटते हुए निवेशकों को दिलासा देने लगे कि वे चिन्तित न हों, यह तो बुल है, अभी कुछ लड़खड़ा गया है। सम्भल कर उठेगा और फिर से दौड़ने लगेगा। अब पता नहीं किस गणना के आधार पर उन्होंने यह बात कही है या किसी ज्योतिषी की बात का आधार है। पर लगता है यह केवल एक लिप-सिम्पैथी है, दिलासा के लिये।

बहर हाल जो हुआ है, वह लाखों-करोड़ों रुपये का घाटा तो है ही और साथ ही उन छोटे निवेशकों की बर्बादी भी जो अल्प-समय में बहुत सारा पैसा बना लेना चाहते हैं। अभी जनवरी के प्रथम सप्ताह में, मैंने एक रेडियोवार्ता में बड़े साफ़ शब्दों में कहा था कि छोटे निवेशकों को इस शेयर के खेल में नहीं घुसना चाहिए। साथ ही मैंने निवेश के लिये रियल एस्टेट की ओर भी इशारा किया था। इस क्षेत्र का निवेश शेयर बाज़ार से बिलकुल हटकर है। जो लोग इस कारोबार से जुड़े है अथवा नज़र रखते हैं, वे जानते हैं कि कब कहाँ निवेश हो सकता है। कहने का मतलब है दूसरे निवेशों की तुलना में रीयल एस्टेट में निवेश फिर भी फायदेमंद है।

कारण बड़ा स्पष्ट है कि भूमि का उत्पाद नहीं हो सकता। भूमि जितनी है, उतनी है। उसका क्षेत्रफल सीमित है लेकिन दिन-प्रतिदिन बढ़ती आबादी

का नहीं। और व्यक्ति की जन्मजात स्वाभाविक इच्छा सिर छुपाने की होती है तो वह इसलिए रीअल स्टेट रीअल ही बनी रहेगी। रोटी और तन ढकने के बाद एक अदद घर की तलाश करेगा ही।

अब जिस तरह शेयर व्यापार के पारखी जानते हैं वहाँ के बाज़ार के विषय में, वैसे ही रीयल एस्टेट से जुड़े पारखी आपको बता सकते हैं इधर निवेश के विषय में। यदि आप समाचार पत्र-पत्रिकाएं पढ़ते हैं तो आप खुद भी अनुमान लगा सकते हैं कि देश का कौन-सा कोना हॉट (hot) है और कौन-सा कूल (cool) है।

एक बड़ी विचित्र बात जो देखने में आती है वह है शेयर मार्किट के धड़ाम से गिरने से जो आवाज़ होती है, वह सीधे वित्तमंत्री के कानों तक जाती है और जो दूसरी तरह के तमाम व्यापार क्षेत्र हैं, जब उन पर मंदी की मार पड़ती है तो उनका ध्यान इस ओर बिलकुल नहीं जाता।

इसी क्रम में मैं कहना चाहूंगा कि लगभग दो दशकों से उत्तर प्रदेश में गन्ना उत्पादकों की जो दुर्गति हुई है...वह सर्वविदत है, उसकी इतिश्री इसी बात से हो जाती है कि प्रदेशीय सरकार गन्ने का समर्थित मूल्य बढ़ा देती है, या एक फरमान भर जारी कर देती हैं चीनी मिल मालिकों के नाम कि किसानों को बाकी भुगतान शीघ्र किया जाये।

अभी कुछ दिन पहले ही टी.वी. पर दिखाया जा रहा था, किसान गन्ने की खड़ी फसल में खुद आग लगा रहे थे।

इतनी दुःखद स्थिति जिस देश में किसान की हो कि वह अपने साल भर के परिश्रम को खुद आग के हवाले कर दे, क्या यह बिलकुल आत्महत्या करने जैसा नहीं?

मेरा आग्रह देश के वित्तमंत्री से इतना है कि वे देश को, देश के व्यापार को और विशेष कर कृषि-क्षेत्र को उसी सहानुभूति की नज़र से देखें जैसे वे आज शेयर मार्किट से बर्बाद हुए निवेशकों को देख रहे है और उन्हें ढाँढ़स बँधा रहे हैं।

(फरवरी, 2008)

“आओ बाँटें हिन्दुस्तान”

मुम्बई की घटनाओं से तो लगता है कि वाकई हम बिलकुल आज़ाद हैं। आज़ाद माने आज़ाद, जहाँ कुछ भी कर सकते हैं–किसी को भी पीट सकते हैं। चाहे तो पीट-पीट कर अधमरा कर सकते हैं और अगर चाहें तो जान से भी मार सकते हैं। परिणाम की परवाह तो वे करें जो देश के कानून पर और खुद देश पर भरोसा रखते हों।

अब मुम्बई हमारी है, महाराष्ट्र हमारा है और शेष भारत किसका? क्या आप केवल महाराष्ट्र भर के हैं। शेष भारत के नहीं? तो जब आप विदेश जायेंगे तो क्या कहेंगे–मैं महाराष्ट्रीयन हूँ, इण्डियन नहीं। लेकिन वह विदेशी आपको शायद तभी जान पायेगा जब आप कहेंगे कि आई.एम. इण्डियन।

बहरहाल कल तक आप कहीं के थे, लेकिन आज तो मुम्बई के हैं। मैं चिन्तित हूँ, मेरे एक मित्र और उनका परिवार तो सन् 60 से मुम्बई में बसा है। बच्चे वहीं पैदा हुए, पढ़े और वहीं व्यापार करने लगे, अब 48 साल बाद वे क्या करें? क्या बरबादी और अपनी इज्जत बचाने के लिये मुम्बई छोड़ दें! वह मुम्बई जिसकी मिट्टी में वे खेले-कूदे हैं। वे पार्क जिनकी धूप का आनन्द उन्होंने लिया है या वह बाढ़ जिसमें डूबते कितनी चाल वालों को, उनके बच्चों को डूबने से बचाया है। उन्होंने तो कभी सोचा ही नहीं कि वे मराठी नहीं हैं कि उत्तर भारत के हैं। उन्होंने तो यही सोचा कि मुम्बई उनकी अपनी है, यह देश उनका अपना है।

ऐसे कितने सवाल हैं, जिनका ज़वाब महाराष्ट्र और विशेषकर मुम्बई में दशकों से बसे गैर महाराष्ट्रीयन नहीं तलाश पा रहे हैं।

अमिताभ बच्चन, मनोज तिवारी या दूसरे अभिनेता-अभिनेत्री जो मुम्बई

के नहीं है, आज चिन्तित हैं। न जाने रात में क्या होगा? न जाने आने वाले दिन का सूर्योदय कैसा होगा?

कौन जाने कब एक पत्थर उनकी खिड़की का काँच तोड़ता हुआ बैडरूम में आकर उनके सिर पर लगे। कौन जाने काँच की बोतल उनके आँगन में आकर ही टूटे।

इन अनुत्तरित प्रश्नों के अतिरिक्त कुछ और प्रश्न इस देश के बुद्धिजीवियों के मन को झकझोरते हैं। कहाँ है शासन और प्रशासन, कहाँ हैं वहाँ बसने वाले बुद्धिजीवी? कोलकाता में नन्दीग्राम में हुए जुल्म के ख़िलाफ़ उन्होंने मौन जलूस निकाला था। आज मुम्बई में क्यों नहीं?

क्या हम मान लें कि उनकी सोच भी राज ठाकरे के दालान में गिरवी पड़ी है? क्या वे भूल चुके हैं उस वीर सावरकर को जो महाराष्ट्र के लिये नहीं उस देश के लिये कुरबान हो गये, जिस देश के दिल में महाराष्ट्र बसा है। क्या वीर शिवाजी केवल महाराष्ट्र के लिये लड़े थे? और अब शासन की बात करें तो पाते हैं कि किस तरह एक आदमी पिट रहा है और वहाँ का सिपाही दूसरी ओर मुँह करके सीटी बजा रहा है। और आज 6/2/08 को छपे समाचारों ने तो सीमा लाँघ दी है। जहाँ हिन्दुस्तान के मुखपृष्ठ पर छपा है–''घुसने नहीं देंगे, उत्तर की ट्रेनों को महाराष्ट्र में''। अरे भई कहते हुए यह तो सोचते कि रेल की पटरियों ने तो उत्तर-दक्षिण-पूरब-पश्चिम सभी को जोड़ा हुआ है। यदि पटरियाँ रूकी हुई ट्रेनों से पट जायेंगी तो कैसा दृश्य होगा? तुम भी तो जहाँ हो वहीं कैद होकर रह जाओगे। और वे यात्री जो ट्रेन के डिब्बों के भीतर हैं उनमें तो मराठी भी है, बंगाली, पंजाबी, असमी, कश्मीरी, बिहारी सभी हैं। समूचा भारत उन डिब्बों में सफ़र कर रहा है।

भैया मेरी मानों तो फिर से सोचो। भारत के एक कोने की नहीं समूचे भारत की सोचो।

(फरवरी, 2008)

आओ सखा फिर खेलें खेल
(महिला दिवस पर)

अब अधिक समय नहीं बचा है लोकसभा चुनावों में, हद से हद बारह महीने। सुगबुगाहट शुरू हो चुकी है। सभी पार्टियों ने अपने-अपने हथियार यानी नारे मुद्दे, भाषण आदि निकाल लिये हैं। ये हथियार हर पाँच साल बाद होने वाले चुनावी पर्व में निकाल लिये जाते हैं और चुनाव समाप्त होने के बाद अगले पाँच साल तक के लिये ज्यों के त्यों सहेज कर रख दिये जाते हैं। चुनाव की आहट सुनते ही ज़ोर-शोर से तैयारियाँ शुरू कर दी गई है। ज़ुबानें पैनाई जा रही हैं। शब्द-वाणों की नोक जहर में बुझा-बुझा कर तेज़ की जा रही हैं।

इन सब तैयारियों के अतिरिक्त हमारे वर्तमान माननीय सांसद, भूतपूर्व सांसद और भावी सांसद एक और सूत्र पर कार्य कर रहे हैं, और वह है, आधी आबादी अर्थात् महिलाओं का मन जीतने की। उसके लिये एक मात्र सूत्र, गायत्री मंत्र की तरह लगभग हर पार्टी के पास है, वह है महिला आरक्षण बिल। सभी क्षेत्रों में चाहे वह विधान सभा हो, ग्राम सभा हो या लोकसभा, उन्हें हर सभा में 33 प्रतिशत का आरक्षण दिलवाना उनका मूल नारा भी है और मुद्दा भी। और कुछ तो बहुत आगे आकर यह घोषणा कर भी चुके हैं कि बिल चाहे लोकसभा में रखा जाये या न रखा जाये, लेकिन उन्होंने अपनी पार्टी में इसे लागू कर दिया है। यह एक बड़ा अच्छा खेल है, जो गाहे बगाहे, भिन्न-भिन्न पार्टियाँ लोकसभा के भीतर और बाहर खेलती रहती हैं। बिल लोकसभा में रखा जाता है बेमन से। कुछ नेताओं का अहम् जाग्रत हो जाता है और वे इसमें खामियाँ ढूँढ़ कर बजाय पास के फेल करा देते हैं। फिर पुनः पास होने के लिये या फेल होने के लिये रखा जाता है और यह बिल का खेल निरन्तर वर्षों से अनवरत् चल रहा है और चलता रहेगा बिना किसी मंज़िल पर पहुँचे।

अब कथनी और करनी का अंतर देखना है। क्योंकि राजनीति में सब कुछ चलता है, लेकिन सबसे अधिक चलता है झूठ। आज भारत के राजनीतिक पटल पर एक दृष्टि डालें तो साफ़ दिखाई देता है कि महिलाएं शीर्षस्थ स्थानों पर विराजमान हैं। भारत में सर्वोच्च पद पर महिला आसीन हैं तो देश की राजनीति को अपनी इच्छा अनुसार मोड़ने की शक्ति रखने वाली यू.पी.ए. अध्यक्ष और कांग्रेस की अध्यक्षा श्रीमती सोनिया गाँधी विराजमान हैं। इसके अतिरिक्त देश के सबसे बड़े प्रान्त उत्तर प्रदेश की मुख्यमंत्री भी महिला हैं— सुश्री मायावती। भारत की राजधानी दिल्ली की मुख्यमंत्री श्रीमती शीला दीक्षित हैं और राजस्थान की मुख्यमंत्री श्रीमती विजयराजे सिंधिया।

इसके अतिरिक्त जो नाम राजनीतिक पटल पर छाये हुए हैं, वे हैं— जयललिता, ममता बनर्जी, उमा भारती, नज़मा हेपतुल्ला आदि। और भी अनेक महिलाएं जैसे गिरिजा व्यास, मीरा कुमार, नफ़ीसा अली, वृन्दा करात, हेमा मालिनी, जयाप्रदा, जया बच्चन उच्च पदों पर विराजमान हैं। यदि आज भी वे इस महिला बिल पर एक मत नहीं हो पाती हैं और महिला आरक्षण बिल को पारित नहीं करा पाती हैं तो यह देश की आधी आबादी के लिये एक बड़ी भारी त्रासदी होगी।

अब यही समय है जब इन सबको अपनी पार्टी और निजी महत्त्वाकांक्षाओं से ऊपर उठकर इस महिला आरक्षण वाले मुद्दे को जोर-शोर से उठाना चाहिये। इसे न केवल लोकसभा के पटल पर रखवाना चाहिये वरन् पास करवाना चाहिए। और यदि यह सम्भव हुआ तो देश की इन महिलाओं का देश की तमाम शेष महिलाओं के लिये महिला दिवस आठ मार्च पर सबसे बड़ा और ऐतिहासिक तोहफ़ा होगा।

(मार्च, 2008)

तुमने तो हद कर दी कामरेड!

डियर कामरेड! माना कि तुम खुद को देश में भूख से मरने वाले किसानों, मजदूरों और बेरोजगार नौजवानों के एकमात्र शुभ-चिंतक और, खैरख्वाह समझते हो किन्तु यह बात कितनी सही है इसे जाँचने के लिये कहीं जाने की जरूरत नहीं है। ''दिल में है तस्वीरे यार / जब जरा गर्दन झुकाई देख ली।'' पंक्तियाँ याद करो और असलियत जान लो।

पहले तो मैं तुम्हें यह बता दूँ कि तुम बहुत लेट-लतीफ हो। जब कभी भी मज़दूरों के साथ ज्यादती होती है तो तुम आवाज़ उठाने में और उनके साथ उनके संघर्ष में कन्धे से कन्धा मिलाने में देर कर देते हो। चाहे वह गुड़गाँव में हीरो होंडा की फैक्टरी के मज़दूरों पर लाठी चार्ज का मामला हो, चाहे 1974 की रेल-हड़ताल। और सिंगूर व नंदीग्राम में तो किसानों के प्रति तुम्हारी हमदर्दी ने एक नया रिकार्ड ही क़ायम कर दिया है।

लगता है तुम्हारे पास करने को कुछ नहीं है, सिवाय उस डील वाले मामले के जो सरदार मनमोहन सिंह बिना तुमसे पूछे अमेरिका से कर आये थे। इस डील का खुलासा देश के आम नागरिक को न तो तुम कर पाये और न ही सरदार मनमोहन सिंह ही। सरकार कहती है कि यह डील हो जाने पर बिजली की कमी नहीं रहेगी और कामरेडों का कहना है कि इसके होते ही देश में तबाही आ जायेगी, देश अमेरिका के चंगुल में फँस जायेगा। बस इस जानकारी के अलावा आम आदमी के पास कुछ भी नहीं है। लेकिन इसे लेकर जो ड्रामा तुम्हारे और सरकार के बीच चलता रहा है वह काफी मज़ेदार रहा है और अब उबाऊ होता जा रहा है, बिलकुल एकता कपूर के सीरियल ''क्योंकि सास भी कभी बहू थी'' की तर्ज़ पर।

तुम जो इस डील का विरोध कर रहे हो यह तुम्हारे दृष्टिकोण से बिलकुल जायज़ है, क्योंकि यह एक पूंजीवादी देश अमेरिका से हुआ है। यदि यही समझौता चीन या रूस से हुआ होता तो फिर न कोई परेशानी तुम्हें होती और न ही संप्रग सरकार को। क्योंकि चीन की विस्तारवाद की नीति पर तो तुम्हारी भौंहे कभी भी टेढ़ी नहीं हुईं, भले ही वह रोज कहता रहे कि अरुणाचल उसके देश का भाग है और वह इस पर भी एतराज करता रहे कि सरदार मनमोहन सिंह ने इस भाग की यात्रा क्यों की।

जहाँ तक देश के किसानों को भूखा मरने से बचाने की बात है, मजदूरों के भले की बात है, देश के सभी बुद्धिजीवी, साहित्यकार, कलमकार और देशप्रेमी तुम्हारे साथ हैं। लेकिन उस भावना का सही संदेश तो भेजो। तुम जो संदेश भेज रहे हो, वह हमारे पक्ष में नहीं है। तुम कथनी में कुछ, और करनी में कुछ और हो। ऐसा कैसे चलेगा।

अब हम तो उस शुभ घड़ी के इन्तज़ार में है, जब चुनाव मेला शुरू होगा। जगह-जगह रंग-बिरंगे झण्डे, रंगीन पोस्टर, कहीं हथौड़ा हसिया, कहीं गेहूँ की बाल काटती दराँती, कहीं चाँटा दिखाता हाथ, कहीं कमल तो कहीं विशालकाय हाथी और कहीं साईकिल दौड़ता सवार दिखाई देगा।

सब बड़ा अच्छा लगता है। पाँच साल से सोये पड़े शेर जाग जाते हैं। जेलों में बन्द और बाहर बैठे हिस्ट्री-शीटर और शातिर बाहुबली भी मुस्कुराते नज़र आते हैं और वोटर भी चुपचाप उस घड़ी का इन्तजार करते हैं, जब उनके द्वार पर वही चिरपरचित नेता घड़ियाली आँसू बहाता हुआ आयेगा और बार-बार आग्रह करेगा कि वह अपना कीमती वोट केवल और केवल उसे ही दे।

चलो कामरेड धन्यवाद! लगता है अब अधिक देर नहीं है इस मेले के शुरू होने में।

(मार्च, 2008)

रोको मत जाने दो

इन दोनों वाक्यों के अर्थ मात्र एक कोमा बदल देता है। बस यह जो कोमा है, यही है असली राजनीति, राज की नीति। हिन्दुस्तान दिनांक 16 मार्च, 2008 के प्रथम पृष्ठ पर लिखा है ''डील होगी, नहीं गिरेगी सरकार''–विदेश मंत्री प्रणव मुखर्जी उवाच।

दाँईं ओर तीन महान हस्तियों के चित्र छपे हैं, सर्वश्री प्रणव मुखर्जी, प्रधानमंत्री मनमोहन सिंह और भाकपा नेता ए.बी. वर्धन।

एक नेता ने जो कहा सो हमने ऊपर लिखा, दूसरे वाराणसी के घाटों का निरीक्षण करते हुए बड़े आश्वस्त होकर कह रहे हैं कि इस एटमी डील को लेकर कोई भ्रम न रहे। यह सरकार कम से कम पूरे एक साल तो नहीं ही गिरेगी।

और तीसरे बड़े नेता श्री ए.बी. वर्धन ने भले ही सरकार को धमकी भरा पत्र लिख दिया हो लेकिन यह जरूरी नहीं कि जो कुछ उन्होंने पत्र में लिखा है, उस पर वे अमल भी करें। अरे भई यह तो जरूरी होता है अपने आपको परफेक्ट फार्म में रखने के लिये। यदि ऐसे वक्तव्य न दिये जायें और ऐसी चिट्ठियाँ न लिखी जायें तो न तो पार्टी में वक्त रहेगी, न जनता में। जैसे कभी-कभी बहस के लिये बहस जरूरी होती है, वैसे ही राजनीति चमकाने के लिये भी ऐसे फण्डे जरूरी होते हैं।

जब मशहूर पत्रकार करन थापर ने साक्षात्कार के दौरान श्री वर्धन से पूछा कि क्या वे एटमी डील पर संसद में सरकार के विरुद्ध लाये गये किसी अविश्वास प्रस्ताव का समर्थन करेंगे तो उन्होंने फिर से राजनीति का दामन थामा और कहा कि जब की तब देखी जायेगी।

अब देखी क्या जायेगी, बिलकुल साफ दिख रही है कि यदि भाजपा इस डील पर सरकार के विरुद्ध अविश्वास प्रस्ताव लायेगी तो वर्धन साहब फिर

से सरकार के पाले में खड़े हो जायेंगे और यही वह बिन्दु है जिसे ध्यान में रखकर विदेश मंत्री प्रणव मुखर्जी कहते हैं कि डील भी होगी और सरकार भी नहीं गिरेगी।

सरकार भला कैसे गिरेगी, जब गिराने की इच्छा रखने वाले ही उसे भीतर बाहर से सपोर्ट करते रहेंगे। और कौन भलामानुस चाहेगा कि अच्छी भली चलती-फिरती सरकार गिरे और समय से पहले ही चुनाव का बिगुल बजे और बेचारी जनता फिर हजारों करोड़ रुपये के बोझ के नीचे दबे, और दबे तो समय से दबे।

इस सब के बीच दो तीन शब्द बार-बार लगभग एक साल से हर अखबार में दोहराये जा रहे हैं, वे हैं एटमी डील, आईएईए और तीसरा है 1 2 3 केवल सरकार में बैठे लोग या कुछ ऊँची क़िस्म के पत्रकारों, संपादकों के अतिरिक्त ये तीनों शब्द आम आदमी के लिये तो ढाक के तीन पात हैं।

अब पता नहीं क्या मक़सद है इस सबके पीछे कि इन तीनों शब्दों का प्रचार-प्रसार व अर्थ आम जनता की समझ से दूर रखा जा रहा है, या फिर यह भी हो सकता कि वे (सत्ता में बैठे लोग) सोचते हों कि दरअसल यह आम जनता के जानने समझने की चीज़ ही नहीं है। अच्छे पढ़े लिखे लोगों से जब मैंने इन शब्दों के बारे में पूछा तो केवल एक ही उत्तर था, "एटमी डील का मतलब तो परमाणु करार। और बाकी दो शब्दों का मतलब जाने करतार।"

(अप्रैल, 2008)

बड़ी आफ़त है

आबादी के 65 प्रतिशत हिस्से ने आसमान सिर पर उठा लिया है। इतना शोर है कि कुछ भी समझ में नहीं आ रहा, सिवाय इस आवाज़ के कि महँगाई सातवें आसमान पर पहुँच गयी है। शेष बचे 35 प्रतिशत लोग भी दबी जुबान में कह रहे हैं कि वाकई इस महँगाई ने तो हद कर दी। हमने सोचा कि आख़िर ऐसा हुआ क्यों? नेताओं से पूछा तो कुटिल मुस्कराहट के साथ बोले, "देखो हुआ तो है कुछ ऐसा। नहीं तो जनता कोई पागल थोड़े ही है कि यूँही हाहाकार मचाती।" फिर नेता जी ने आश्वासन दिया कि कोई बात नहीं, यदि वह सातवें आसमान पर चली गई है तो हमारी हर कोशिश होगी कि उसे वापस जमीन पर लायें।

एक मेरे दोस्त हैं हबीब। मैंने जब उनसे महँगाई को आसमान से जमीन पर लाने का जिक्र किया तो बोले, "अमां! क्या बात करते हो। अरे भाईजान! वहाँ केवल खुदा रहता है और कोई दूसरा वहाँ पहुँच ही नहीं सकता और अगर वाकई महँगाई वहाँ पहुंच गई है जहाँ अल्ला ताला रहते हैं तो भाईजान अब उम्मीद छोड़ दो कि वह वापस आयेगी।" मैं परेशान सा गहरे सोच में डूब गया। आख़िर इस महँगाई का छलाँग लगा कर इतनी ऊँचाई पर चले जाने का राज़ क्या है? तो धीरे-धीरे एक-एक कर सारे उत्तर मेरे सामने आने लगे और आ-आ कर मुझे चिढ़ाने लगे। फिर महँगाई खुद सजी-सँवरी मेरे सामने आकर खड़ी हो गई, वह मुस्करा रही थी और अब उसके पास दो सुनहरे पंख भी थी। मैंने पूछा, "बस इतना बता दो कि तुम्हारा यकायक इतनी ऊँचाई पर पहुँच जाने का राज़ क्या है?" तो बोली, "लेखक महोदय! तुम्हें अपने देश का ज्ञान बहुत कम है। तुम्हारे इस देश में बड़ी-बड़ी लॉबियाँ काम करती हैं, जैसे–लोहा लॉबी, धातु लॉबी, शेयर बाज़ार लॉबी, ज़मीन लॉबी, अनाज़ लॉबी,

सीमेंट लॉबी, इम्पोर्ट-एक्सपोर्ट लॉबी। मतलब कि हर क्षेत्र में एक लॉबी है, जो सरकार के दबाव से परे है। अब प्रश्न यह पैदा होता है कि सरकार चलाता कौन है। आप सोचते हैं कि जिन्हें हमें चुनकर भेजते हैं वे सरकार चलाते हैं। गलत और बिलकुल गलत। बड़ी साधारण सी बात है। एक कॉलोनी में दो मकान बन रहे थे तब सीमेंट और लोहे की एक ही दुकान थी और जब उस कॉलोनी में पचास मकान बनने लगे तो लोहे वाले लाला के नखरे हो गये, लेना हो तो लो नहीं तो रास्ता नापो, अब लोहा इसी भाव मिलेगा। बस शुरु हो गई महँगाई और यह तो हवा है, बहती चली जाती है।''

यदि समय रहते राजतंत्र यह सोचता कि देश में आयरन पाइराइट्स के पहाड़ के पहाड़ मौजूद हैं और यदि हम लोहे के और कारखाने खड़े कर दें तो महँगाई का क्या मतलब? यही हाल हर क्षेत्र का, हर लॉबी का है। महँगाई बढ़े और बढ़े तो कितनी बढ़े यह फैसला वे लोग करते हैं। जो लॉबी बनाकर बैठे हैं। इसी उधेड़बुन में जब मैं घर लौट रहा था तो शर्मा जी मिल गये, जिनका एक पब्लिक स्कूल है। जब मैंने पूछा कि शर्मा जी आपकी बिल्डिंग भी वही, फर्नीचर भी वही, स्टाफ़ भी वही तो आपने कैसे बच्चों की फीस डबल कर दी और ऐसा भी नहीं कि आप भी पे-कमीशन की सिफ़ारिशों से प्रभावित हुए हों तो फिर यह फीस बढ़ोतरी क्यों?'' वे मुस्करा कर बोले, ''यार! समझा करो किसी बात को। अब जब सब जगह महँगाई बढ़ रही है तो हम क्यों पीछे रहें।'' शर्मा जी की बात सुनने के बाद मैंने सोचा कि क्यों न एक बार फिर महँगाई से ही बात की जाये। तब मैंने महँगाई से पूछा कि अच्छा इतना बतलाओ कि क्या तुम वापस धरती पर आओगी या वहीं सातवें आसमान पर रहोगी, तो मुस्करा कर बोली, ''अरे मेरे मूर्ख कलमकार, इतनी ऊँचाई पर जाकर कौन चाहेगा कि वह नीचे उतरे। हाँ मैं इतना कर सकती हूँ कि सातवें से उतर कर पाँचवें या चौथे आसमान पर आ जाऊँ। इससे अधिक और कुछ नहीं।'' इतना कहकर वह लुप्त हो गई है। मैं अभी भी टकटकी लगा कर उस आसमान को देख रहा हूँ, जहाँ यह महँगाई चली गई है।

(अप्रैल, 2008)

बिहार से एक चिट्ठी मुम्बई को

भैया! तुम यूँ ही पिटते रहना

भैया! हम यहाँ बिहार में अख़बार में तुम्हारा फोटू देख रहे हैं। तुम पिट रहे हो पर अच्छी बात ये है कि तुम चुप हो। और इसी में भलाई है। भैया! राज ठाकरे की महाराष्ट्र नवनिर्माण सेना के कार्यकर्ता तुम्हें पीट रहे हैं तो उनकी नज़र में यह ठीक काम है, क्योंकि तुम उनके देश महाराष्ट्र की राजधानी मुम्बई में हो। अपने देश के किसी हिस्से में होते तो कोई और बात होती।

अब देखो मैं तुम्हें चुप रहने की सलाह इसलिये दे रहा हूँ कि सारे के सारे लोग ग़लत नहीं हो सकते। यू.पी.ए. अध्यक्ष चुप हैं, प्रधानमंत्री चुप हैं, रक्षामंत्री, विदेश मंत्री, गृहमंत्री और यहाँ तक कि तुम्हारे अपने लालू जी रेल मंत्री भी चुप हैं। जो लालू जी कल तक कह रहे थे कि हम छट की पूजा मुम्बई में ही करेंगे, अब उनकी बोलती बंद है। वैसे हमेशा उन्होंने यही दोहराया है कि सोनिया जी उन्हें बड़ा सम्मान देती हैं, पर यह मामला जरा दूसरा है।

विलासराव देशमुख इसलिये चुप हैं कि केन्द्र की सरकार चुप है। तुम तो ख़ैर पिट-कुट कर फिर भी मुम्बई में रह लोगे। लेकिन कांग्रेस बेचारी क्या करेगी। गुजरात, हिमाचल, मध्यप्रदेश, राजस्थान एक-एक कर सभी हाथ से निकलते जा रहे हैं। अब यदि ये कुछ भी ठाकरों के खिलाफ़ बोले तो क्या पता महाराष्ट्र भी निकल जाये।

तो भैया! कांग्रेस के लिये महाराष्ट्र में सत्ता जरूरी है, पर हमारे लिये तुम इससे कहीं जरूरी हो। तुम्हारी एकमात्र टैक्सी ही तो दूर-दराज़ पड़े हम छः व्यक्तियों के परिवार को जिन्दा रखे हुए है। यहाँ तो कभी बूढ़ी गंगा कुपित हो जाती है तो कभी धरती सूख कर दरारों का दरिया बन जाती है। कुछ दाने पैदा हो जाते हैं—कटहल है, महुआ का गाछ है, छोटा ताल है, छप्पर पर चढ़ी

तोरी-लौकी की बेल है, चार बकरियाँ और गाय हैं। इन सब के सहारे हम जिन्दा हैं।

पर तुम्हारे साथ भाभी है, दो बच्चे हैं, उनका स्कूल है, फ्लैट की किश्तें हैं। तो भैया! बस एक ही विकल्प है कि बस तुम लगातार पिटते रहना और महाराष्ट्र नवनिर्माण सेना वालों से कहते रहना कि हम तुम्हीं को वोट देंगे। लेकिन वोट देना आत्मा की आवाज़ पर ही। ऐसा गज़ब मत कर बैठना कि किसी बहकावे में आकर महाराष्ट्र नवनिर्माण सेना को वोट दे बैठो। नहीं तो अब तो जो गति हुई है सो हुई है। आगे जो दुर्गति होगी उसकी तुम कल्पना भी नहीं कर सकते। लालू जी तो यूँही मज़ाक में कह गये थे कि हम राज ठाकरे के घर के सामने ही छट पूजन करेंगे। भैया यह सब राजनीति है। पिटते हुए इसे भी समझते रहना।

आपको प्रणाम करते हुए, हम हूँ आपका भाई–छपरा, बिहार।

(अप्रैल, 2008)

सरकार और जादुई छड़ी

जब चारों तरफ से सरकार पर महँगाई को लेकर शब्द-वाणों की बौछार होने लगी तो कुछ वफ़ादार मंत्रियों में बेचैनी होने लगी। एक माननीय मंत्री ने तुरन्त पत्रकार वार्ता बुलाकर कहा कि सरकार के पास कोई जादुई छड़ी नहीं है कि छड़ी घुमाई और महँगाई सातवें आसमान से नीचे आ गई।

लेकिन मंत्री महोदय की यह बात तीसरे-चौथे दिन स्वयं ही गलत साबित हो गई। जब सरकार ने छड़ी उठाई, ध्यान रहे कि अभी छड़ी घुमाई नहीं केवल उठाई, तो ढाई लाख टन चावल तो छड़ी उठाते ही हाथ आ गया और मैं कहता हूँ कि अगर सरकार इस छड़ी को घुमा दे तो बाजार में पटरियों पर खाद्यान्न के ढेर लगे मिलेंगे और व्यापारी आवाज देकर बुला रहे होंगे कि चावल ले लो, दाल ले लो और गेहूँ भी। आपको स्टॉक एक्सचेंज का सा शोर सुनाई देगा।

दैनिक जागरण कहता है कि वह पहला समाचार-पत्र है जिसने सरकार के लिये जागरण का काम किया। बधाई है, इस पत्र के कर्णधारों को जो सोये हुए को जगाने का काम करते हैं। हाँ तो मैं कह रहा था कि मंत्री जी का यह कथन कि सरकार के पास जादुई छड़ी नहीं है, सरासर गलत है, यह छड़ी केवल और केवल सरकार के ही पास है।

अब कहते हैं न कि "भयबिन प्रीत न होत गुँसाई" सो राइस मिल्स एसोसिएशन के अध्यक्ष श्री भारतभूषण गुप्ता जी का भी स्टेटमेंट आया है कि संगठन में सहमति बन गई है कि दबा हुआ माल व्यापारी बाहर निकालेंगे और दाम भी कुछ कम करेंगे। तो देखा आपने जादुई छड़ी उठाने भर का करिश्मा और अगर कहीं यह पूरी तरह घूम जाये तो आप देखेंगे एक अद्‌भुत चमत्कार, कि बढ़ी हुई कीमतें फिर से लौटकर अपने खोल में आ जायेंगी।

अब यह तो था दिल्ली सरकार की जादुई छड़ी का कमाल, लेकिन देश में दूसरे प्रान्तों की सरकारें अभी अपनी जादुई छड़ियाँ नहीं उठा रही हैं। शायद प्रतीक्षा है किसी अवसर की या किसी शुभ दिन की। जो अच्छा काम छड़ी उठाने का दिल्ली सरकार और उसके मंत्री श्री हारून ने किया, उसके लिये वे बधाई के पात्र हैं।

क्या ऐसा नहीं हो सकता कि खाद्य आपूर्ति विभाग ऐसी कार्रवाई देश के दूसरे भागों में भी सुनिश्चित करे और भूख से तड़प रहे तथा तड़प कर आत्महत्या करते लोगों को बचाये।

एक बात और मैं कहना चाहूँगा कि भारत एक धर्म-प्रधान और पूर्णरूपेण सैकुलर देश है। वह व्यापारी वर्ग विशेष जो जमाखोरी कर कीमतें बढ़ाता है, वह भी कहीं न कहीं, कभी न कभी किसी पूजा स्थल में ईश्वर के आगे हाथ जोड़ता है। उस वर्ग से मेरा निवेदन है कि वह प्रार्थना करने से पहले सोचे कि क्या प्रभु मेरी प्रार्थना मेरे कर्मों को ध्यान में रखकर सुनेंगे या जो मैं उनसे माँगूगा उसे वह सहज स्वीकार कर लेंगे। इस पर मुझे अपना ही एक दोहा याद आ गया–

एक दिवस मंदिर गया, लेकर मैं फरियाद
हँसकर मूरत ने कहा, कर कर्मों को याद।

(मई, 2008)

जिनको करना है, वही कहते हैं होना चाहिये

देश के प्रधानमंत्री आदरणीय मनमोहन सिंह जी बहुत कुछ चाहते हैं। वे चाहते हैं व्यवस्था में अच्छी तरह झाड़ू लगे, ढंग की सफाई हो, भ्रष्टाचार का कूड़ा ऐसे साफ हो जैसे वैक्यूम क्लीनर से सोफा। अभी-अभी उन्होंने कहा कि न्यायालयों में भी भ्रष्टाचार है और बड़े न्यायालयों को चाहिये कि वे अपने से नीचे वाले न्यायालयों से कहें कि वे भ्रष्टाचार की सफाई करें (अपनी तो फिर बाद की बात है) इसका मतलब हम तो यह समझे हैं कि आमतौर पर जो भी भ्रष्टाचार है, वह निचले स्तर पर है, ऊँचाई वाले पर नहीं है। पर पता नहीं क्यों मुझे बार-बार अपने एक मरहूम दोस्त की याद आती है, वे कहा करते थे कि भ्रष्टाचार की नदी नीचे से ऊपर को नहीं बल्कि ऊपर से नीचे की ओर बहती है।

प्रधानमंत्री जी कहते हैं कि कुटुम्ब अदालतों का गठन हो। न्याय शहरी न्यायालयों से चलकर चौपालों पर जाये। पंचायतें या कुटुम्ब पंचायतें छोटे-छोटे मामले अपने ग्राम स्तर पर ही निपटायें। बड़ा अच्छा और नेक ख्याल है, पर यह करेगा कौन? यानि की इस बात को अमली जामा कौन पहनाएगा? यह बात बिलकुल सम्भव है बशर्ते हम मौखिक व्यायाम न करके सीधे-सीधे आदेश पारित कर दें इस बात को मूर्तरुप देने का। कुछ ऐसा ही हाल दूसरे क्षेत्रों का है। चाहे वह महकमा लोहा हो, चाँदी हो, सोना हो, गेहूँ, दालें, चावल हो या आयात-निर्यात हो। हर मंत्री, हर नेता यही कहता मिलेगा, "ऐसा होना चाहिये, या अब हम ऐसा करेंगे।" अर्थात् सब के सब आशा के बीज बोते नज़र आते हैं। जिनसे निराशाओं के तनों पर आशाओं के फूल खिलेंगे, जिन्हें हम देख भर सकेंगे, न छू सकेंगे, न उनकी सुगन्ध पा सकेंगे।

क्या ऐसी थोथी घोषणाएं किसी षड्यंत्र के तहत की जाती हैं? क्या यह एक रस्म अदायगी की अज़ान होती हैं, जो चुनाव का सूरज उगने से पहले दी जाती है। पर अब क्या करे बेचारी जनता, वह भी इस कान से सुनकर उस कान निकाल देती है। दरअसल वह आदी हो चली है, यह सब सुनते-सुनते तीसरी पीढ़ी तक आते-आते उसे यह सुनना कुछ ऐसा लगेगा जैसे आसपास कहीं कोई कारखाना चल रहा है और उसका खिचड़ी शोर शहर की चिल्लपों में लगातार घुलता जा रहा है। आदमी अपनी संवेदनाएं खोता जा रहा है। उसे केवल तीन ही बात याद हैं–रोटी, कपड़ा और मकान। उसे घर चाहिये केवल ईंटों से बना, बिना रोशनी वाला ऐसा बसेरा जिसमें वह अपने आपको महफ़ूज़ महसूस कर सके। न उसे देश से मतलब है, न आज़ादी से, न गुलामी से। उसे तो मतलब है इस जिन्दगी से। बस इसका बोझ वह किसी प्रकार ढोता रहे, रोटी खाये, आबादी बढ़ाने में थोड़ा योगदान दे, सो जाये, जग जाये और फिर एक दिन हमेशा के लिये सो जाये।

आदमी को इन हालात तक पहुँचाने में कौन जिम्मेदार है? यह यक्ष प्रश्न है, जिसका उत्तर किसी के पास नहीं है।

(मई, 2008)

गुलाबों में पनपते कैक्टस

मानवता पर विस्फोटों के ऐसे ही प्रहार होंगे
समुचित उत्तर नहीं दिया तो हमले बार-बार होंगे
संसद के भीतर-बाहर कुछ लफ्फ़ाजी भाषण देंगे
दो-दो लाख मृतक को, घायल को भी कुछ हजार देंगे
शासन की यह हृदयहीनता, मन को बेहद खलती है
आती-जाती साँस न जाने क्यों गंधाती, लगती है

(अपनी ही एक कविता से)

मेरी तरह आप भी शायद भुलक्कड़ जाति के ही होंगे, इसलिए पिछली बातों का अधिक जिक्र न करते हुए किसी ताज़ी वारदात पर ही बात करते हैं। अभी हाल ही में गुलाबी नगरी राजस्थान की राजधानी जयपुर में सीरियल बलास्ट हुए और ये विस्फोट लगातार लगभग एक ही समय पर हुए। परिणाम स्वरूप 70 आदमियों की मौत हो गई। मेरे विचार से एक बार फिर हैवानियत इंसानियत को मार कर चली गई। क्योंकि सरकारी आँकड़ों और सरकारी निगाहों में क्या मूल्य रखती है–70 निरपराध व्यक्तियों की मौत? इतने बड़े देश की इतनी बड़ी आबादी में कुछ भी नहीं। और अब तो सब कुछ शांत-सा ही है। हाँ यह ख़बर गर्म रहती यदि इसमें कोई बड़ा नेता मारा जाता, अब चूँकि मरने वाले सभी आम थे, सो ख़बर भी आम की गुठली की तरह एक ओर फेंक दी गई। लेकिन यह सुनने में जरूर आ रहा है कि सुरक्षा के और पुख्ता इंतज़ाम कर दिये गये हैं। (आपको दिखाई न दें तो अलग बात है)

अब जयपुर की यह विस्फोट वाली घटना बिल्कुल उसी फ़ैहरिस्त में शामिल हो गई जैसे मुम्बई, वाराणसी, अयोध्या के सीरियल ब्लास्ट। बस इतना जान लीजिये कि यदि कहीं सरकारी आँकड़ों में ऐसी घटनाएँ दर्ज होती हैं तो उनमें

एक नाम जयपुर ब्लास्ट-मई, 2008 का भी जुड़ गया है। अब जयपुर के इस भयंकर काण्ड को जिन्होंने अंजाम दिया उनमें 'हूजी' का नाम विशेष रूप से उभर कर आया है। यह आतंकवादियों का बंगलादेशी संगठन है। अब सरकार बड़े पेशोपेश में है क्या करे। क्या दिल्ली, क्या जयपुर या अन्य कोई महानगर, सभी में तो बंगलादेशियों की पूरी की पूरी कॉलोनियाँ भरी पड़ी हैं। कुछ ने तो झुग्गियों को छोड़कर शहर में ऊँचे भवन भी बना लिये हैं। इनके पास वोटर कार्ड, राशन कार्ड, नगर निगम के मकान नंबर तक हैं। तो फिर किस आधार पर आप इन्हें अपने यहाँ से निकाल पायेंगे और साथ ही एक बड़ी परेशानी सरकार के सामने यह भी है कि ये केवल विदेशी घुसपैठिये ही नहीं, ये तो नगद वोट हैं। अच्छी भली हार को जीत में बदल देने की क्षमता रखते हैं। वैसे भी सरकार की नीति तो अल्पसंख्यक तुष्टीकरण की है, फिर उसका क्या होगा। इसी के तहत वह कभी सच्चर कमेटी को लागू करने की बात करती है, तो कभी फाँसी की सजा पाये किसी खूँखार को बचाने की कोशिश करती है और ऐसा वह लगातार करती रहेगी जब तक कि कोई रूबिया काण्ड या कंधार काण्ड न दुहराया जाये। शायद सरकार इस बात से अनजान है कि जनता जिसे आप जनता कहना भी शायद उचित न समझते हों, केवल वोट के नाम से ही जानते हों, अधिक समय तक न तो बेवकूफ़ बनी रह सकती है और न ही मूकदर्शक। अब धीरे-धीरे वह समझ रही है कि किस तरह बदला लिया जा सकता है। उदाहरण के लिये देखें वामपंथियों की नन्दीग्राम व सिंगूर के पंचायती चुनावों में हार के परिणाम जहाँ पर जनता ने उन्हें सिरे से खारिज कर दिया।

मेरे इस देश के कर्णधारो! आखिर आपको हुआ क्या है? क्या संवेदनाएँ बिलकुल मर गई हैं? आपके दिमाग में यह बात क्यों नहीं आती कि जो जयपुर या मुम्बई में विस्फोटों में मरे वे हमारे हिन्दुस्तान के ही वाशिंदे थे। वे हिन्दू भी थे, मुसलमान भी थे, ईसाई और सिख भी थे। आतंकवादियों का केवल एक धर्म है आतंक फैलाना। उन्हें किसी भी वर्ग विशेष से प्यार नहीं है। उन्हें अगर सर्वनाश करना है तो भारत का न कि किसी वर्ग विशेष का। तो आपका भी धर्म बनता है कि आतंकवादी चाहे वह किसी भी समुदाय का हो, उसका जड़ से सफ़ाया करना। कुछ बेहद सख्त कदम उठाने होंगे, नहीं तो यह सिलसिला यूँ ही चलता रहेगा।

(जून, 2008)

मुलाकातें बच-बच के

"नो प्लेस फॉर टैरर–भारत-पाकिस्तान" ये शब्द किसी की साझी घोषणा नहीं है, बल्कि दैनिक हिन्दुस्तान दिनांक 22/5/08 का अपना निष्कर्ष है, जो उसने भारत और पाकिस्तान के विदेश मंत्रियों के बीच हुई बात-चीत से निकाला। काश ये शब्द दोनों विदेश मंत्रियों के मुँह से निकले होते। विशेषकर पाकिस्तान के विदेश मंत्री की ओर से और उसमें सच्चाई का पुट लगा होता तो एक नये युग का आरम्भ हुआ होता।

सच्चाई यह है कि इस प्रकार की बैठकों में औपचारिकताएं तो अनेक होती हैं लेकिन ठोस धरातल बीच में नहीं होता। अरे! एक तरफ से गोलीबारी होती रहे, शहर-शहर में विस्फोट होते रहें और हम दोस्ती का हाथ बढ़ाते रहें, यह कहते हुए कि अच्छा वह विस्फोट वाली बात तो छोड़ो, इस बात पर बात करते हैं कि तुम हमें कितने पान दोगे, हम तुम्हें कितनी सीमेंटे देंगे, चीनी देंगे, जरी देंगे आदि-आदि।

अभी हाल की बात लें तो जब पाकिस्तानी विदेश मंत्री शाह मोहम्मद कुरेशी से किसी ने पूछा कि क्या भारत की ओर से दाउद इब्राहीम को सौंपने की बात कही गई, तो उनका उत्तर था कि यह मुद्दा तो हमारी मुलाक़ात में उठा ही नहीं।

हम सोचते हैं कि यह मुद्दा हमारी ओर से उठा ही नहीं या उठाया नहीं गया। हाँ ऐसा मुद्दा जरूर उठाया गया जो हनुमान जी की उस पूँछ के समान था जो उन्होंने रावण के दरबार में दिखाई थी या फिर वह सुरसा के शरीर जैसा था, जिसका आदि तो दिखाई देता था अन्त नहीं। वह मुद्दा था–काश्मीर का। यह काश्मीर काश्मीर तो हम बहुत दिन से खेल रहे हैं–न हम जीते, न वे हारे। अगर किसी की हार हुई तो वे हैं वहाँ के वाशिंदे, जिन्हें केवल जीने

की चाहत ही जिन्दा रखे हुए है या फिर आतंकियों को खदेड़ते हुए हमारे सीमा के पहरेदार। और आये दिन दुश्मन को मारते-मारते शहीद होते हमारे बाँकुरे।

समस्याओं का हल इसलिये भी नहीं हो पाता कि पाकिस्तान की ओर से जो हर वार्ता में शामिल होते हैं वे हैं वहाँ के नेता और जो दूसरा जुनता है, वह शामिल नहीं होता। यह पक्ष न जाने कौन से मदरसे से निकल कर आता है जिसकी उंगलियाँ हमेशा बन्दूक के घोड़े पर ही रहती हैं। पाकिस्तान का आवाम चाहता है कि दोनों देशों में मोहब्बत हो, व्यापार बढ़े। पर सेना, आतंकवादी, अलगाववादी, कट्टरपंथी बिलकुल भी नहीं चाहते कि ये दोनों देश प्यार से रह पायें।

इसके साथ ही हमारे यहाँ जो आतंकवादी घटनाएं होती हैं उनसे निपटने की कोई ईमानदार कोशिश नहीं होती। आतंकवादी जब पकड़ में आते हैं तो घटना को बीते हुए कई बरस बीत चुके होते हैं। और फिर आतंकवादियों को आतंकवादी साबित करने के लिये एक बड़ी लम्बी प्रक्रिया अपनायी जाती है, और यदि वे आतंकवादी साबित हो भी गये तो फिर जेलों से शुरू होता है अपीलों का न खत्म होने वाला सिलसिला।

एक विडम्बना यह भी है कि हमारे देश के कलमकार चाहे वे कुलदीप नैयर हों, कुलदीप तलवार हों, महीप सिंह हों या खुशवंत सिंह, सब के सब मेरी अपनी ही तरह कागज़ काले कर करके अपनी भड़ास निकाल लेते हैं। काश उनकी क़लम कोई क्रांतिकारी परिवर्तन ला सकती! पर मैं इस हताशा में भी आशा नहीं छोड़ता। एक दिन तो ऐसा जरूर आयेगा जब दोनों देशों का आवाम असलियत को पहचानेगा और विशेषकर पाकिस्तान का आवाम जिसकी भावनाएँ हमेशा उसके नेता कोई न कोई मुद्दा लेकर भड़काए रहते हैं और एक स्थाई मुद्दा तो उस देश के पास है ही–''कश्मीर''। जबरन कब्जाए हुए हिस्से के साथ-साथ सदैव पूरे काश्मीर पर दावा ठोकते रहना और आतंकियों को सीमा पार कराते रहना वहाँ की सेना की दिनचर्या में शामिल है।

(जून, 2008)

लोकतंत्र और नौकरशाही

भारत के प्रथम प्रधानमंत्री पंडित जवाहरलाल नेहरू कहा करते थे कि वह देश के प्रथम जनसेवक हैं। उनके इस कथन का स्पष्ट मंतव्य था कि देश के सभी सरकारी कर्मचारी जनता के सेवक हैं। वास्तव में जनता से करों के रूप में तथा अन्य सेवाएँ प्रदान करने के बदले में जो धनराशि प्राप्त की जाती है, उसी से सरकारी कर्मचारियों के वेतन का भुगतान होता है।

किन्तु व्यावहारिक रूप में उक्त अवधारणा के बिल्कुल विपरीत चरितार्थ हो रहा है। स्थिति यह है कि आज आम आदमी वरिष्ठ तो क्या किसी कनिष्ठ सरकारी अधिकारी से भी आसानी से नहीं मिल सकता। जनपद-स्तर पर जनता का कोई व्यक्ति जिला मैजिस्ट्रेट, पुलिस अधीक्षक अथवा अन्य अधिकारी से आसानी से नहीं मिल सकता है। पहले तो उसे कमरे से बाहर खड़े श्रीमान् चपरासी से ही लोहा लेना होगा। यदि उससे किसी प्रकार पार पाकर अधिकारी के कक्ष में प्रवेश मिल भी गया, तो कितने अधिकारी हैं जो आम आदमी से शिष्टिता से व्यवहार करके उसकी बात सहानूभुतिपूर्वक सुनते हैं।

हम एक-दो उदाहरण प्रस्तुत कर रहे हैं। अभी हाल ही में अपने समाचार-पत्र के कार्य से एक संपादक महोदय डाक-विभाग के एक अधिकारी से मिलने गये। उस अधिकारी ने एक घंटे तक उन्हें बाहर बैठाये रक्खा और बाद में कह दिया कि उनके पास मिलने का समय नहीं है। एक अन्य मामले में तहसील कार्यालय के दो कर्मचारी हमारे एक मित्र के आवास पर पहुँचे और पूछा कि क्या उनका मतदाता पहचान-पत्र बन गया है। मित्र ने बताया कि परिवार के कुछ सदस्यों का बनना है, आप कृपया बना दें। इस पर दोनों कर्मचारी बोले कि हम आपके नौकर नहीं हैं कि बाहर धूप में खड़े रहें और

आपका पहचान-पत्र बनायें। दोनों कर्मचारी बिना कुछ किये यह कह कर चले दिये कि ऐसे नहीं बनता मतदाता पहचान-पत्र।

तो यह है व्यावहारिक रूप में नौकरशाही का जनता के प्रति आचरण। पराधीन भारत में तो जनता की मजबूरी थी कि वह शासकों तथा उनके कर्मचारियों की तानाशाही बर्दाश्त करे, किन्तु स्वाधीन भारत में जनसेवकों का जनता से इस प्रकार का व्यवहार हृदय को बहुत कचोटता है। क्या यही है लोकतंत्र? क्या एक लोकतांत्रिक देश की नौकरशाही ऐसी ही होती है? हमें एक कवि का निम्न दोहा याद आ रहा है–

'गाँठों में उलझी हुई गठबंधन सरकार
नौकरशाही कर रही जनहित का व्यापार'

(जून, 2008)

क्या कुछ ऐसा हो सकता है

कहते हैं भीड़ का एक ही दिमाग होता है। यह सच भी हो सकता है, क्योंकि भीड़ दो ही कारणों से जुटती है—मेले में या रेले में। मेला मनोरंजन के लिये होता है और रेला किसी विरोध के लिये। मुझे लगता है कि आने वाले निकट भविष्य में यह दोनों तरह की भीड़ लुप्त हो जायेगी।

मनोरंजन में भीड़ तब जमा होती है जब उसके पेट में रोटी होती है। भूखे आदमी से जब पूछोगे कि दो जमा दो कितने हुए तो उसका उत्तर होगा चार रोटी। और विरोध के लिये रेले में भीड़ तब जमा होगी जब उसमें ताकत होगी। ताकत, नारा लगाने की, झण्डा उठाने की, पुलिस द्वारा छोड़ी गई पानी की मोटी बौछार की चोट सहने की। अतः ऐसा लगता है कि आने वाले समय में यह भीड़ मनोरंजन स्थलों पर अथवा साहित्य समारोहों में नाम-मात्र की रह जायेगी। साहित्यकारों व कलाकारों के लिये बने सभागारों में होते कार्यक्रम धीरे-धीरे मृतप्राय होने लगेंगे। आज भी ऐसे कलाकार, लेखक, गीतकार, संगीतकार, हजारों-लाखों की संख्या में मौजूद हैं जो येनकेन प्रकारेण प्रकृति-प्रदत्त कला को भूखों मरने पर भी नहीं छोड़ते। वे शायद मरेंगे तो नहीं पर मृतप्राय जरूर हो जायेंगे।

अभी-अभी सरकार के सबसे बड़े सरकारी बैंक 'रिजर्व बैंक' ने अपने तरकश के सभी तीर छोड़ दिये हैं अर्थात् अपने ब्रह्मास्त्र दाग दिये हैं महंगाई को काबू में लाने के लिये। परन्तु महंगाई की आग कुछ ऐसा भयानक रूप लेती जा रही है कि सारी दमकलें उसे बुझाने में अपने आपको असमर्थ पा रही हैं। हवा में केवल दमकलों की घण्टियों का शोर हैं—'टन-टन-टन टनन-टनन' और महंगाई बेशर्मी से दूर खड़ी खिलखिला रही है और अँगूठा हवा में लहरा कर कह रही है टिलिल-टिलिल।

रिजर्व बैंकों के ब्रह्मास्त्रों से बीस हजार करोड़ रुपया तो मार्केट में आयेगा, यह बात तो समझ में आती है। इससे आम आदमी की क्रयशक्ति बढ़ जायेगी। चलो इसे भी मान लेते हैं पर इससे 14/- रुपये किलो वाला आटा पाँच रुपये किलो पर कैसे आयेगा? हमें तो लगता है कि यह 14/- से 18/- रुपये किलो हो जायेगा। रिजर्व बैंक का यह हथियार आटे की क़ीमत घटाने में कैसे सक्षम होगा, यह समझ में नहीं आता।

जहाँ दिन-रात आबादी सुरसा सी बढ़ रही हो, हवा की सीटियों में केवल एक ही शब्द गूँजता हो, भूख-भूख और भूख, वहाँ ऐसे ब्रह्मास्त्र कैसे काम करेंगे, समझ से परे है।

कल-परसों एक खबर छपी कि पुलिस ने बीस हजार टन गेहूँ पकड़ लिया। अरे भई पकड़ ही लिया तो सरकार यह भी तो कर सकती है कि उसे उन भूखे लोगों में वितरित करवा दे जो कुछ किलों गेहूँ के लिये घण्टों-घण्टों लाइन में खड़े रहते हैं। होमियोपैथी या आयुर्वेदिक डॉक्टर जब किसी का इलाज शुरू करता है तो अधिकांश समय वह मरीज की बीमारी की जड़ में पहुँचने में लगाता है। दवा देने से पहले जानना चाहता है कि उसे यह रोग हुआ किस कारण। पर यहाँ तो मामला तुरत-फुरत का है। कुछ करो तुरत करो, कारण से क्या लेना-देना। यह जो भीड़ है, इसका दिमाग एक है, इसे मूल मुद्दे से हटाओ। इसे एटमी करार की ओर मोड़ो। इसे बताओ कि देखो महंगाई की जड़ करार में हैं। सरकार अमेरिका के साथ करार करने को आतुर है, पर कुछ लोग हैं कि इस करार को कार्यान्वित नहीं होने दे रहे हैं और यही कारण है इस महंगाई की काली आँधी का।

क्या कुछ ऐसा नहीं हो सकता कि सरकार आयें-बायें करने और जनता को बेवकूफ बनाने के फारमूलों को छोड़कर इस महंगाई के बढ़ते ज्वार के कारणों को खोजे और इसकी जड़ों में शक्कर और मट्ठा डाले, जिससे महंगाई का बटवृक्ष यदि पूरा नहीं सूखे तो कुछ मुरझा ही जाये।

(जुलाई, 2008)

खेल जुगाड़ का

जब करार में आई दरार, तो
गंध सा उड़ गया चार साल का प्यार

अटल जी के समय में एक चुटकुला बड़ा मशहूर हुआ था कि एक अमेरिकी जब भारत भ्रमण पर था तो देवबन्द के पास उसकी कार खराब हो गई। रात का समय अंग्रेज परेशान, तभी मवाली से दो लड़कों ने पूछा–''सर! क्या हुआ?'' कार खराब है तो आप चिंता न करें। करते हैं कुछ जुगाड़। और कुछ ही देर में अंग्रेज खुशी-खुशी हरिद्वार जा पहुँचा। रात का समय कोई कमरा खाली नहीं तो परेशानी भाँपकर फिर एक आदमी ने कहा–''सर चिंता न करें, करते हैं कुछ जुगाड़'' और उस आदमी ने कमरे का इंतजाम कर दिया।

काफी दिनों बाद अमेरिका से बुश ने अटल जी को फोन किया कि अटल जी! आपकी जुगाड़ चाहिए हम एक परेशानी में फँस गये हैं। अटल जी ने मुस्कुरा कर कहा–''अरे भई जुगाड़ से तो मैं सरकार चला रहा हूँ। यह गई तो मैं गया। सो भाई! जुगाड़ नहीं भेज सकता।''

चुटकुला पुराना हो चुका है। आप भूल भी गये होंगे। लेकिन उसी समय इस बात को सोनिया जी ने गाँठ बाँध लिया था और अटल जी के कार्यकाल के बाद चुनाव हुए तो सोनिया जी ने जुगाड़ को अपना लिया और सारे वामपंथियों को साथ मिलाकर जुगाड़ से सरकार बना ली।

यह जुगाड़ पिछले बीस महीने से कुछ ठीक नहीं चल रही थी। इसके एक पहिये से हमेशा चींचीं की आवाज आती रहती थी। बड़ी कोशिश की, इस पहिये में बार-बार तेल डाला गया, पर इसकी चींचीं, चूँचूँ बन्द नहीं हुई। तब सोनिया जी ने सोचा और सोचा क्या, ऐलान कर दिया कि है कोई जो हमारी जुगाड़ का पहिया बन सके? तभी एक सज्जन बड़े विनम्र और

मुलायम स्वर में बोले–"हम हैं न मैडम! हम बनेंगे आपकी जुगाड़ का दूसरा पहिया।"

मैडम ने देखा यह आदमी तो लाल टोपी लगाये हुए है और हमारी टोपी सफेद है। तो मेल कैसे होगा? हमारी तो लाल टोपी वालों से कट्टर दुश्मनी हैं। लाल टोपी वाले नेता ने भाँपते हुए कहा–"अरे मैडम! अब भूल भी जाओ पुरानी बातें, राजनीति में कौन किसका दुश्मन और कौन किसका दोस्त?" मैडम ने तुरन्त हाँ कर दी और फिर फौरी एक्शन में चींचीं करते हुए पहिये से कहा–"चलो निकलो! बहुत सुन ली तुम्हारी चींचीं, चूँचूँ। अट्ठारह महीने हो गये इसे झेलते-झेलते, मेरा प्रधानमंत्री भी मुरझा गया बेचारा।"

अब जुगाड़ फिर से मजबूत हुआ। 8 जुलाई को चूँचूँ वाला पहिया निकाल कर दूसरा लाल पहिया लगा लिया गया। अब यह जुगाड़ जिसका एक पहिया लाल और दूसरा सफेद है आराम से अपनी पंचवर्षीय यात्रा पूरी करेगा। देशहित में सरकार चलायेगा और एटमी करार जो देशहित में है उसे पूरा करेगा। दोस्तो! आप भी सीख लो यह जुगाड़ का खेल। जिन्दगी की गाड़ी को बिना चूँ-चपड़ किये चलाने के लिये यह जुगाड़ बेहद ज़रुरी है।

इस भाव-ताव की राजनीति के विषय में क्या किया जाये और क्या कहा जाये। एटमी करार का यह मुद्‌दा, मुद्‌दा न होकर हाथी का अण्डा हो गया। जी! मैं जानता हूँ कि हाथी का अण्डा नहीं होता लेकिन यदि होता और कहीं विदेश में होता और भारत सरकार उसका आयात करती तो सच मानिये उस पर भी वामपंथ का इतना ही विरोध होता। क्योंकि यहाँ विचार करने का विषय यह नहीं होता कि क्या वाकई हाथी का अण्डा होता है, बल्कि विरोध इसलिए होता कि उनकी सपोर्ट पर टिकी सरकार उनसे बिना पूछे इसका आयात क्यों करने जा रही है।

ख़ैर! छोड़िये इस बात को। मैं तो वामपंथी भाइयों से यही पूछना चाहूँगा कि भई यह बताओ कि जब आप लोग अपने आका चीन के बिना छींक भी नहीं मारते तो कम से कम इस विरोध से पहले अपने मित्र देश में उनके नेताओं से मिल आते। पूछ लेते कि आपने मार्क्सवाद के घोर विरोधी अमेरिका से 123 के अंतर्गत संधि क्यों की, जबकि हम अपने देश में इसका जी जान से विरोध कर रहे हैं।

एक बात बड़ी मजेदार यह रही कि जिस मुद्दे पर सरकार दाँव पर लग गई, इसका पता किसी को भी नहीं है। मुझे भी केवल इतनी सी जानकारी है कि इस करार के हो जाने से बिजली की किल्लत से जूझ रहा हमारा देश मुक्ति पा जायेगा। बाहर से परमाणु ईंधन बिना किसी बाधा के मिलता रहेगा, जिससे हमारे परमाणु कार्यक्रम सुचारु रूप से चलते रहेंगे।

भारत सरकार और वामपंथ दोनों इस बात के लिए जिम्मेदार हैं कि इस इतने बड़े मुद्दे को कभी भी आम आदमी के बीच नहीं लाया गया जिससे इसके प्रति जनता अपना कोई मत निर्धारित कर पाती। सब लोग यही जानते हैं कि सरकार अमेरिका से कोई करार करने जा रही है, जिससे भारत को लाभ होगा। वामपंथियों का कहना है कि यह समझौता देशहित में नहीं है। अरे भाई, ज़रा भारत के जनमत को भी तो विश्वास में ले लेते।

(जुलाई, 2008)

निवेश और राजनीति

एक दिन मेरे एक दोस्त ने मुझसे सलाह माँगी कि वे कुछ निवेश करना चाहते हैं—कहाँ करें कितना करें, कैसे करें आदि-आदि और साथ ही यह भी आग्रह था कि किये हुए निवेश का भविष्य उज्जवल होना चाहिए। मैंने उन्हें सलाह दी। मैंने कहा आप निवेश दो स्थानों पर कर सकते है-प्रान्तीय और केन्द्रीय। यदि अधिक महत्वाकांक्षी नहीं हैं तो प्रान्तीय भी चलेगा। आप अपना बचाया हुआ समय व धन और दिमाग भी प्रान्तीय राजनीति या फिर केन्द्रीय राजनीति में निवेश कर सकते हैं। जी हाँ, आज के युग में इससे बढ़िया निवेश नहीं हो सकता। इसके लिये आप पक्ष या विपक्ष किसी को भी चुन सकते हैं। क्योंकि जो आज पक्ष हैं अर्थात् सत्ता में है, राज कर रहा है कल उसका विपक्ष में आना निश्चित है। क्योंकि लोगों की सोच यदि पाँच साल तक टिकी रहे तो गनीमत समझो नहीं तो लोग बड़ी जल्दी ऊबने लगते हैं। रबड़ से बनी जनता की पीठ इतनी मजबूत है कि सब कुछ झेलती रहती है। फिर सोचने लगती है विकल्प। वह सोचती है इस सरकार को बदलो, चाहे प्रदेश की हो अथवा केन्द्र की।

फिर विपक्ष की सरकार आ जाती है। पाला बदल जाता है कल तक जिसकी शह पर लोगों ने जाम लगाये थे, बसों में आग लगाई थी। अब उनकी सरकार है। अब वही लोग जो कल तक आगजनी, तोड़फोड़ और बन्द के घोर विरोधी थे। आज वे लोगों को उकसा रहे हैं—कह रहे हैं पहले जैसा करो बल्कि उससे बढ़कर करो जो तुम लोग कल तक कर रहे थे। सत्ता से बाहर हुए लोग ऐसा करते हैं क्योंकि यह राजनीति है, राज करने की नीति। यह एक अच्छा खासा व्यापार है, अच्छा कारोबार है। इसमें देशहित की बात सोचना तो एक बेवकूफी के अलावा और कुछ भी नहीं है।

इसलिये मेरे दोस्त मैं तुम्हें सलाह दे रहा हूँ कि निवेश ही करना है तो इस आधुनिक व्यापार में करो–जहाँ चित भी तुम्हारी और पट भी तुम्हारी ही रहेगी। अरे! ऐसे मुँह खोले और आँखें चौड़ी करके मेरी ओर क्या घूर रहे हो? जैसे मैंने कोई गलत सलाह दे दी हो। सलाह ठीक न लगे तो चुप रहो, घर में बैठकर टी.वी देखो। आज भारत बन्द किस मुद्दे पर है, कौन से किस तरह के आरक्षण पर है। कोई भी चैनल खोलो सब जगह एक ही ब्रेकिंग न्यूज़ होगी–देखो और देखते-देखते सो जाओ। तुम्हारी रात इतनी ही व्यर्थता में बीतेगी जितनी में दिन बीता था।

जैसे-तैसे चौबीस घण्टे का बन्द समाप्त हुआ। जान में जान आई तो मैंने अपने दोस्त त्यागी को फोन किया–''भई त्यागी जी तुमने तो कमाल कर दिया। तुम्हारा इस चिलचिलाती धूप में रेल की पटरी पर सिर रखकर लेटे हुए बड़ा साफ और फ्रंट पर फोटो छपा है। क्या बात है त्यागी जी। त्यागी जी बोले–''यार मैं बेवकूफ़ नहीं हूँ आखिर पार्टी चलाता हूँ। देखो इस तस्वीर में छोर (किनारे पर) मैं हूँ और भीड़ मेरे साथ-साथ दूर तक लेटी हुई है। अब तुम्हारी यह शंका निर्मूल है कि यह राजधानी ट्रेन थी, यदि समय से ब्रेक नहीं लग पाते तो क्या होता। हमने अपने कार्यकर्ता पहले ही पिछले स्टेशन पर ड्राईवर के पास भेज दिये थे और ड्राइवर को आगाह कर दिया था कि लोग ऐजीटेशन कर रहे हैं। सावधानी से चलना। सो ड्राईवर पहले से ही चौकन्ना था और हादसा किसी के हाथ में नहीं होता। यदि कुछ बुरा होता भी तो मैं तो सबसे अन्त में था। जब तक ट्रेन सौ आदमियों को रोंदती तब तक तो मैं कब का भागकर अपनी जान बचा लेता। यार क्या करें यह राजनीति इन्हीं हथकण्डों से चमकानी पड़ती है। यदि लाईम लाईट में न रहें तो ऊपर के नेता घास नहीं डालते। यह सब करना ही पड़ता है इस कारोबार में।

(अगस्त, 2008)

अब ऐसे में क्या हो?

यूँ तो पिछले 15-20 साल से आतंकी गतिविधियाँ देश में लगातार चल रही हैं, पर अब तो हद हो गई है, सभी सीमाएं चटक रही हैं। देश के मानचित्र को ध्यान से देखने पर आप पायेंगे कि भारत माँ के आँचल का कोई भी कोना ऐसा नहीं जिस पर लाल धब्बा न हो।

1992-93 में जब मुम्बई में सीरियल ब्लास्ट हुए थे, तभी से ये सीरियल बनते चले गये—दिल्ली, वाराणसी, अयोध्या, अहमदाबाद, बंगलौर, अक्षरधाम, जम्मू-काश्मीर इत्यादि। अब तो हालत यह हो चली है और दिमाग को भी ऐसी आदत पड़ती जा रही है कि ख़बर पढ़ते हैं और सोचते हैं कि चलो हम तो बचे। और दूसरे ही दिन से ज़िन्दगी फिर से पटरी पर रेंगने लगती है।

इस बीच कुछ औपचारिकताएं बड़ी दिलचस्प होती हैं। पहले गृहमंत्री का बयान आता है—हम ऐसी वारदातों को बिलकुल भी बर्दास्त नहीं करेंगे। दूसरे दिन प्रदेश का मुख्यमंत्री, अस्पताल जाकर घायलों का हाल-चाल पूछता है। मर जाने वालों के परिवार जनों को मुआवजा तय करता है। फिर केन्द्र से मंत्रीगण वहाँ पहुँचते हैं। कभी-कभी प्रधानमंत्री तक वहाँ पहुँचते हैं और एक रटी-रटायी भाषा के वाक्यों का प्रयोग होता है ऐसे वाक्य जो अब काफी उबाऊ हो चुके हैं।

इसके बाद कार्यवाही होती है—आतंक फैलाने वालों, सैकड़ों लोगों को मौत के घाट उतारने वालों की पकड़-धकड़ की।

कुछ पकड़े जाते हैं, उनमें से कितने असली होते हैं। यह तो इसी से पता चलता है कि 15 से 20 साल तक भी कोर्ट तय नहीं कर पाती कि ये लोग दोषी हैं या नहीं। गवाहों का अभाव और वैसे भी इतने लम्बे अंतराल में गवाहों का मर जाना, टूट जाना बड़ा स्वाभाविक है। ऊपर से हमारी न्याय-व्यवस्था

जिसमें न्याय कम और तारीखें अधिक होती हैं जिसका कारण चाहे कुछ भी रहता हो। और यदि न्यायालय कोई सज़ा सुना भी दे, यहाँ तक कि उच्चतम न्यायलय द्वारा तय की गई फाँसी की सज़ा भी, तो वह राष्ट्रपति को की गई अपील के नीचे दबकर रह जाती है। और इस अपील का निपटारा कैसे हो, यह प्रश्न फाइल में बन्द होकर घूमता रहता है। राष्ट्रपति भवन से सरकार और सरकार से राष्ट्रपति भवन तक। और हो सकता है कि आतंकवादियों ने इस व्यवस्था पर अच्छा अध्ययन किया हो और सोचा हो कि पहले तो हम पकड़े ही नहीं जायेंगे और यदि ऐसा हुआ भी तो भी 20 साल तक इसे खींचना कोई बड़ी बात नहीं। पता नहीं सरकार की, यह कौन सी नीति है–विदेश नीति, राजनीति, घरेलू नीति या फिर वोट नीति जिसको मद्‌देनज़र रखते हुए ही सरकारें काम करती हैं।

अब जनमानस की भलाई या उसके सुख-दुःख किसी भी पार्टी के नेताओं के मन में नहीं रह गये हैं। रह गया है केवलमात्र एक विचार :- सत्ता में ऐन-केन-प्रकारेण बने रहने का। यह एक भयानक स्थिति है। धीरे-धीरे आम आदमी की सोच कि ऐसे में क्या किया जाये और ऐसे कौन से रास्ते अपनाएं जायें जिससे वह निश्चितंता से जी सके, कोई गलत रास्ता न अपनाने लगे। सरकार को चाहिये कि आतंकी और आतंकवाद को कुचलने के लिये पक्के इरादे बनाये और चाणक्य की तरह आतंकवादियों की जड़ों में मट्‌ठा और शक्कर पहुँचाये।

(अगस्त, 2008)

जाम जिसमें जम जाये जिन्दगी

अब जाम आम हो गया है। न तो इससे कोई ख़बर बनती है और न उस पर कोई असर पड़ता है जिसके विरोध में जाम लगाया गया था। और यदि ढंग से सोचा जाये, थोड़ा सा अध्ययन किया जाये तो जाम के जन्मदाता शाम को एकांत में उस जाम के विषय में सोचते मिलेंगे कि उन्होंने एक गलत काम किया है। जाम किसके ख़िलाफ, किसके लिये और क्यों और उसका परिणाम? तो वे जाम के मज़मे वाले अपने को घाटे में ही पायेंगे।

अब किसी एक पार्टी को निशाना लगा कर दोषी बतायेंगे तो उसकी कहानी उस चोर से जा मिलेगी जो चोरी की मोटर-साइकिल के साथ पकड़ा जाता है और जब कानून अपना शिकंजा कसता है तो कहता है कि जी! यह तो अन्याय है, मैं ऐसे दस चोर बतला सकता हूँ जो चोरी की मोटर-साइकिलों पर घूम रहे हें। दरोगा कहता है, अबे तू पागल है, तेरे बकने से क्या होगा। जब हमारे पास उनकी एफ.आई.आर. ही नहीं है। वे सब शरीफ शहरी हैं जब तक कि उनकी रिपोर्ट नहीं होती और वे पकड़े नहीं जाते। तू अपनी बात कर कि तू चोर है कि नहीं।

तो दोस्तो! पार्टी कोई हो, दल कोई हो, उसका मुख्य मार्गों को रोककर जाम लगा देना, रेल-गाड़ियों को घंटों जंगल में रोके रखना, अपने ही भाइयों के वाहनों को आग लगा देना, सरकारी बसों को फूँक देना यह सब उन्हें भारतीय लोकतंत्र के आधीन जन्मजात अधिकार मिला है। जिस पर हम कभी-कभी बड़े गर्व से कहते हैं कि हमारे जैसी डैमोक्रैसी कहीं भी नहीं। अब अपने अधिकार का उपयोग करने में यदि प्रशासन या पुलिस उन्हें रोकती है तो ये जामिये पजामे से बाहर हो जाते हैं और जो भी हाथ में आता है उठा-उठाकर मारते हैं। परिणाम स्वरूप कुछ मौतें हो जाती हैं, और कुछ लोगअपंग हो जाते हैं।

अब जो मर जाते हैं, प्रशासन उन मरने वालों के घर जाता है। यथायोग्य मुआवजा दे आता है। लो देखो नये-नये नोटों की गड्डियाँ और भूल जाओ मरने वालों को। अरे वैसे भी क्या कर रहा था और जो हुआ उसमें कोई दोषी थोड़े ही है, यह तो भाग्य का लेखा है और तुम्हारा भोग है जो तुम्हें भोगना है। इस मुआवजे से अभी तो अपनी कुछ जरूरतें पूरी कर लो, जब मुआवजे की रकम समाप्त हो जाये और भूखे मरने की नौबत आये तब सोचना। और सोचना क्या? ऐसे जाम तो लगते ही रहेंगे। यहाँ तो डैमोक्रैसी है और ऐसी डैमोक्रैसी की सब को जरूरत है। सत्ता वालों को भी और सत्ता से बाहर वालों को भी। क्योंकि यह तो अब संभव नहीं है कि सत्तारूढ़ पार्टी तो जिन्दगी भर राज करती रहे और विपक्ष मुँह देखता रह जाये। अरे कल को जब वह जाम लगायेगी तब भी तो चाहिये ऐसी डैमोक्रैसी और तब फिर से खड़े होंगे जाम लगाने के लिये वे सब टूटे-फूटे पिछले जाम के बचे हुए लोग और नये जाम के समय तक जवान हो चुके उनके बच्चे।

यह अनवरत सिलसिला यूँही चलेगा। और इसी तरह जाम के बीच सड़क पर बीचों-बीच गर्भवती महिलाएं अस्पताल पहुँचने से पहले अपने बच्चों को जन्म देती रहेंगी। और दिल का दौरा पड़ा हुआ मरीज यूँ ही बिना ई.सी.जी, बिना चिकित्सा सहायता के यूँही अपने ही देशवासियों के बीच दम तोड़ देगा।

जाम लगाने वालों के दिल जाम हैं, काफी मजबूत हैं। ऐसी मौतों से नहीं पसीजते। मजबूर हैं ये जामिये। उनके सामने है कैरियर और राजनीतिक उज्जवल भविष्य। उन्हें दूसरों की कुर्बानियाँ लेने का पूरा-पूरा हक है। वे जानते हैं कि बिना कुर्बानियाँ लिये हम अपना लक्ष्य नहीं प्राप्त कर पायेंगे और ऐसे पाप के वे बिलकुल भी भागी नहीं है। वे सोचते हैं सत्ता प्राप्त करने के लिये तो यह सब करना ही पड़ता है। इसलिए सब जायज है। जय-जामेश्वरी नेता, जय जामेश्वरी प्रजा।

जिन्दगी लम्बी बहुत है
मत, मुआवज़े से नापिये हुज़ूर!

(सितम्बर, 2008)

ब्लास्ट में होता है क्या-क्या ब्लास्ट

यूँ तो अब कहीं पर भी ब्लास्ट हो जाना आम होता जा रहा है। दिनांक 13 सितम्बर, दिन शनिवार महानगर दिल्ली, हिन्दुस्तान के दिल में शाम होते-होते एक-दो नहीं पूरे पाँच स्थानों पर ब्लास्ट हुए। आदमी-औरतें और बच्चों के चीथड़े उड़ गये, कुछ अंग-भंग हो गये, कुछ ऐसे भी घायल हुए जो न अब जिन्दों में रहेंगे, न मुर्दों में।

दिल्ली में इस प्रकार लगातार विस्फोटों की यह दूसरी घटना है। पहले भी दिल्ली के अति-व्यस्त बाज़ार सरोजनी नगर में भी इसी प्रकार के विस्फोट हुए थे, जिनमें सैकड़ों आदमी घायल हुए थे।

एक बड़ी अजीब बात जो देखने को मिली वह यह है कि विस्फोटों के बाद जो भी नेता इसका जायजा ले रहे हैं, न जाने क्यों कम से कम मुझे यह लगा कि ये लोग औपचारिकताओं की एक रस्म निभा रहे हैं। आज के समाचार-पत्र में (दैनिक जागरण) ने तो यहाँ तक लिखा है कि गृहमंत्री श्री शिवराज पाटिल तो इस कदर संवेदनशील हो गये कि वे पहले कांग्रेस की मीटिंग से घर आये, ग्रे सूट उतार कर जुल्फें संवारकर, काला कोट पहन कर घटना स्थल पर आये, फिर जब घायलों को देखने अस्पताल पहुँचे तो वे सूट बदलना न भूले। इस बार वे सफेद सूट में थे। लगभग दो घंटों में तीन सूट बदलना दर्शाता है कि गृहमंत्री कितनी गम्भीरता से इन विस्फोटों को ले रहे हैं। और दूसरे नम्बर पर हैं राज्य गृहमंत्री श्री प्रकाश जायसवाल जी—उनकी बला से विस्फोट पाँच हों, सात हों या तीन हों, कानपुर में हों अथवा दिल्ली में, उनके पास रटे-रटाये फारमूलाबद्ध कुछ पंक्तियाँ होती हैं कि देश की आबादी सौ करोड़ से अधिक है और हर आदमी की सुरक्षा की गारण्टी नहीं दी जा सकती और न ही चप्पे-चप्पे पर पुलिस तैनात की जा सकती है। अब

कोई उनसे पूछे कि जो बात आप कह रहे हैं उसमें तो चप्पे भर का भी दम नहीं है। ऐसे किसी भी हादसे के बाद वे राज्य सरकारों को चौकस और चौकन्ना रहने की सलाह दिये बगैर नहीं रह पाते।

इन सब बातों से एक बात बड़ी साफ होकर उभरती है कि हर नेता अपनी राजनीति के प्रति, अपनी छवि के प्रति और अपना कार्यकाल पूरा करने के प्रति तो पूरी तरह गम्भीर है, लेकिन हर हादसे में सैकड़ों मरने वालों और सैकड़ों घायलों के बारे में बात मुआवजे की राशि से आगे नहीं बढ़ पाती।

वर्तमान स्थितियाँ तो कुल मिलाकर आम आदमी के मन में केवल निराशा भरने के और कुछ भी नहीं कर पा रही हैं। अब तो यह आम आदमी ऐसे हादसों का आदि होता जा रहा है। उसकी सहन-शक्ति अब सूखे काठ सी होती जा रही है। एक निराशा ने उसके मन को पूरी तरह जकड़ लिया है। अब उसकी ओर से कोई प्रतिक्रिया भी नहीं आती, बस केवल मौन धारण कर वह समाचार-पत्रों में छपे, हादसे से उपजे परिणामों पर एक नज़र डालता है और अख़बार को एक तरफ़ सरका देता है। उसके मन में यह बात अच्छी तरह घर कर गई है कि अब कुछ भी नहीं हो सकता, यह देश उसके जैसे लोगों के लिये कुछ नहीं कर सकता हादसों की चपेट मे आना और घायल होना या मर जाना उसकी नियति है—उसके कर्मों का भोग है।

(सितम्बर, 2008)

मुद्दा ख़ामखाँ

अगर मुद्दे न हों तो राजनीति एक दिन न चले। जी हाँ मैं उस राजनीति की बात कर रहा हूँ जिसमें कोई भी राजनीति नहीं होती बल्कि राजनीति का राज़ होता है। जब तक वह राज़ खुलता है और जनता उस राज़ की असलियत समझ पाती है तब तक बहुत देर हो चुकी होती है। और मुद्दा उठाने वाले, बनाने वाले अपने मकसद में कामयाब हो चुके होते हैं।

कई बार मुद्दे अपने आप किसी कारखाने के बाईं प्रौडक्ट की तरह पैदा हो जाते हैं, जैसा कि श्रीनगर में अमरनाथ श्राइन बोर्ड को कुछ जमीन देने की सीधी सी बात एक अच्छा खासा मुद्दा बन गई या बना दी गई। जब तक जम्मू सरकार ने श्राइन बोर्ड को सौ एकड़ जमीन देने का ऐलान नहीं किया तब तक यह मुद्दा नहीं था, बल्कि उस समय तक तो कांग्रेस और पी.डी.पी. (मियाँ मुफ्ती मौहम्मद और उनकी बेटी रूबिया की घरेलू पार्टी) के दिमाग में भी दूर-दूर तक यह विचार नहीं था कि यह जमीन देने की बात एक बड़ा मुद्दा बनेगी जिससे नेताओं की राजनीति चमकेगी या यह मुद्दा श्री गुलामनबी आज़ाद की चीफ़ मिनिस्टरशिप ले बैठेगा।

यह जमीन वह जमीन थी जो वर्ष के आठ महीने बर्फ से ढकी रहती है। यह वह जमीन थी जिस पर श्राइन बोर्ड टैंट या अस्थाई टीन-टप्पर से शेड बनाकर अमरनाथ जाने वाले यात्रियों को कुछ सुविधाएं प्रदान करना चाहता था। यह वह जमीन थी जिस पर कोई पक्का निर्माण कभी नहीं होना था और न ही कोई कालोनी बननी थी। ये सब बातें शर्तों के रूप में उस जमीन के अलौटमेंट आदेश में दर्ज थीं जो श्राइन बोर्ड को दी जानी थी।

यह एक अच्छी बात कांग्रेस ने की थी, हालांकि वोट की राजनीति इसमें भी शामिल थी लेकिन थ्यौरी से प्रैक्टीकल में तबदील नहीं हो सकी। मुद्दा

बनी और हाथों हाथ अलगाववादी तत्वों द्वारा लपक ली गई। यह बात ऐसा जोरदार मुद्दा बनी कि कितनी ही जानों की बलि ले गई, पहले श्रीनगर में जमीन देने के विरोध में और फिर जम्मू में दी हुई जमीन का अलौटमेंट कैंसिल करने के विरोध में।

दोनों ओर व्यापार बन्द रहे, लाखों-करोड़ों का नुकसान हुआ, लोग जख्मी हुए, इस मुद्दे को लेकर जिसका असली नाम था 'मुद्दा ख़ामखाँ' जो उछलता रहा जम्मू और श्रीनगर की गलियों में, मौहल्लों में और सड़कों पर। जलते रहे सरकारी और गैर-सरकारी वाहन, चलते रहे पत्थर, जनता और जनता के रक्षकों के बीच, होते रहे शंखनाद कभी युद्ध शुरू करने के तो कभी समाप्त करने के और मूक बन देखती रही केन्द्र की सरकार।

आखिर में बहुत सोच समझ कर समस्या का एक गोलमोल हल निकाला गया। तब जाकर यह मुद्दा दफ़न हुआ। वैसे अधिकांश ऐसे मुद्दे जमीन में अधिक गहरे दफ़न नहीं होते। मौका पाते ही वे फिर खड़े हो जाते हैं शुतुरमुर्ग की गर्दन की तरह।

(अक्तूबर, 2008)

ताक धिना धिन
1 2 3 गिन

अब इससे आगे गिनने की जरूरत नहीं। गिनते-गिनते तीन साल हो गये और अब जाकर हम एक से शुरू होकर तीन तक पहुँच पाये हैं। अब इससे आगे गिनने के लिये कुछ नहीं बचा है।

9 अक्तूबर 2008, एक ऐतिहासिक तारीख साबित होगी, यदि उस समझौते की लिखित पंक्तियों के बीच की खाली जगह पर कुछ ऐसा मज़मून न लिखा हो जो नंगी आँखों से दिखाई नहीं देता। 'डूबते को तिनके का सहारा' कभी मेरे गले नहीं उतरा, न जाने किन हालात में इस मुहावरे का जन्म हुआ होगा और यदि माननीया कोंडलीसा राइस और भारत की ओर से आदरणीय प्रणव मुखर्जी के बीच हुए समझौते को एक मील का पत्थर मान लिया जाये (जैसा कि प्रणव मुखर्जी की व्यक्त भावनाओं से लग रहा है) तो वास्तव में यह समझौता एक तिनका नहीं बल्कि पानी पर तैरता हुआ लकड़ी का वह शहतीर साबित होगा, जिसके सहारे केन्द्र में बैठी कांग्रेस सरकार विश्वास के साथ तैर कर किनारे पर आ सकती है।

पाँच में से तीन साल तो संसद में एक वाक युद्ध चलता रहा। केवल इसी 123 वाले समझौते को लेकर और यदि काम के घंटों का कोई लेखा-जोखा रखा जाता हो तो केवल मौजूदा सरकार ही नहीं, पूर्ववर्ती सरकारें भी अपना अधिकांश कार्यकाल इस बात पर खर्च करती हैं कि विपक्ष के हमलों से कैसे बचना है और सरकार को कैसे बचाना है। क्योंकि जब सरकार बनी रहती है और मजबूत रहती है तो सरकारी पार्टी भी मजबूत बनी रहती है। और आने वाले चुनाव में समुचित धन-बल के साथ मैदान में उतरती है। अन्यथा सभी

मनोबल खो चुके योद्धा चुनाव के घमासान में उतरते हैं और चूँकि देश में उच्च कोटि का प्रजातंत्र है तो चाहे कितने भी प्रतिशत वोट पड़ें आखिर एक न एक पार्टी को तो बहुमत मिलेगा ही। नहीं तो अपने-अपने स्वार्थों को लेकर एक गठबन्धन जन्म लेगा और वह गठबन्धन फिर इतने विशाल देश को पाँच साल हाँकेगा।

अभी तो यह समझौता ठीक-ठाक-सा लग रहा है किन्तु एक और बात पर रोशनी नहीं डाली गयी है कि भारत स्वतंत्र रूप से अपने परमाणु परीक्षण कर सकेगा या उसे "मे आई कम इन सर" की तर्ज़ पर "मे आई डू इट सर" कहना पड़ेगा। लेकिन इसमें कोई दो राय नहीं कि इस परमाणु समझौते के बाद ऊर्जा क्षेत्र में जो प्रगति होगी उससे भारत कामयाबी के कई पायदान तेजी से छलाँगता हुआ उस पायदान पर कदम रखेगा जहाँ से सब देश बौने दिखाई देंगे। और हर राष्ट्रवादी, देश का शुभ-चिंतक यही चाहेगा कि ऐसा होना ही चाहिए कि हमारा भारत सारी दुनिया में सूरज की तरह चमके पर चन्द्रमा की शीतलता के साथ।

(अक्तूबर, 2008)

बदली जा सकती हैं परिस्थितियाँ

जी हाँ, बिल्कुल बदली जा सकती हैं यदि आप अपने सोचने का ढंग बदल लें। आज देश का हर बौद्धिक व्यक्ति और विशेषकर मीडिया से जुड़ा कलमकार, लेखक, साहित्यकार, कलाकार, चित्रकार और कोमल भावनाएं लिए सीधा-सादा नौजवान जो मध्यम वर्ग और निर्धन वर्ग से निकल कर अभी-अभी कर्मभूमि में कदम रख रहा है, वह बेहद चिंतित है, भौचक है, परेशान है, सोच में डूबा है कि आख़िर यह हो क्या रहा है? चारो ओर गला-काट लड़ाई सत्ता कब्जाने की, चारों ओर भागमभाग अधिक से अधिक धन संचित कर लेने की, दूसरे का पैसा छीन लेने की। लेकिन तभी वह लौटकर सोचता है कि इन इतनी सारी बीमारियों की जड़ क्या है? उत्तर मिलता है कि 'सरकार'। जी हाँ इसकी जड़ सरकार ही है और सरकार ही रही है इस बढ़ते नासूर की जड़ में, जो पिछले पाँच दशकों से सुरसा के शरीर की तरह निरंतर बढ़ा है। ऐसे सोचने वालों को उनके भीतर बैठा हुआ मानुष बताता है कि सरकार का घर दिल्ली में है। एक बहुत बड़ी गोल सी बिल्डिंग जिसमें बैठते हैं लगभग 542 ऐसे विशेष लोग जिन्हें देश के कोने-कोने से बाकायदा वोट देकर चुना गया है। हाँ इनमें से कुछ ऐसे भी हैं जिन्होंने धन और डण्डे के बल पर अपने आपको चुनवाया है। इसी गोलघर में से चुने जाते हैं कुछ लोग जो सबसे बड़ी पार्टी के होते हैं और उनसे बनती है सरकार।

अब यह विशाल देश इस चुनी हुई सरकार के पंजों में आ जाता है। यदि इनमें से कुछ के मन संवेदनशील हैं, मानवता से प्रेम करते हैं तो वे देश की सोचते हैं और वास्तव में कुछ ऐसे होते भी हैं। पर संख्या बल के अभाव में वे 'बेचारे' बनकर रह जाते हैं। कहते हैं कि ज़हर को ज़हर ही मारता है तो इसका इलाज उसी वोट नामी जड़ी से हो सकता है जिसके कारण यह

सरकार अस्तित्व में आई है। आप में से, हम में से बहुत से लोग ऐसे भी मिलेंगे जो पिछली बार वोट डालने ही नहीं गये थे और इनमें ऐसे लोग भी मिलेंगे जो वोटिंग वाले दिन बच्चों को लेकर पिकनिक पर गये थे या साथियों के साथ ताश अथवा शतरंज खेल रहे थे, टी.वी. देख रहे थे। ऐसे लोगों को केवल गाल बजाने आते हैं। वे नारा लगाने में सबसे आगे होते हैं–"यह सरकार निकम्मी है, यह सरकार बदलनी है"। लेकिन जब बदलाव का समय आता है तो ऐसे नाकारा लोग वोट डालने को फालतू का काम समझते हैं और यह भी कहते सुने जाते हैं कि अरे कुछ होने वाला नहीं है। देख नहीं रहे हो, क्या बदला है पिछले साठ साल में। देश की गरीबी, भूख, बे-रोजगारी और मारामारी के लिए जितने दोषी ऐसे वोट चोर लोग हैं उससे कहीं अधिक जिम्मेवार है सरकार, जो यह नियम बनाने में आज तक नाकारा साबित हुई है कि वोट न डालना दण्डनीय अपराध होगा और मताधिकार का प्रयोग न करने वाला व्यक्ति नागरिकता से वंचित किया जा सकता है। यदि ऐसा कानून बन जाये, तो स्थितियाँ निश्चित रूप से बदल सकती हैं।

परिस्थितियाँ बदलने के लिये आपको अपनी सोच बदलनी होगी और सरकार को बनाना होगा कानून और हर व्यक्ति को कानून द्वारा समझाना होगा वोट का महत्व।

(अक्तूबर, 2008)

तुम क़त्ल भी करते हो तो चर्चा नहीं होती

आज ये आलम है देश की आर्थिक राजधानी मुम्बई में। क्योंकि वहाँ एक विदेशी राजा का राज है। राजा है–राज ठाकरे। उसके पास सेना है, महाराष्ट्र नवनिर्माण सेना और उसके पड़ौस में भी एक राजा है, उसकी सेना का नाम है शिव सेना। ये दोनों सेनाएं मिलकर अपने-अपने सेनापतियों के अधीन रह कर उनका हर जायज नाजायज हुकम बजा कर महाराष्ट्र का नवनिर्माण कर रही हैं। पुराने निर्माण को धराशायी करके।

पुरानी परम्पराएं, भाईचारा आपसदारी सब पर आरी चला कर वहाँ एक नई सभ्यता की नींव धरी जा रही है। वह सभ्यता है नफ़रत की, खून खराबे की और क़त्ल की। क्या यह आदमी उत्तर भारत या बिहार का है? यदि है तो मुम्बई में क्यों है, इसे यहाँ से भगाना ही होगा। यह सोच लेकर विजय पताका फहराती हुई ये दोनों सेनाएं आगे बढ़ रही हैं। और बेशर्मी की चादर लपेटे हुए चुप हैं दोनों सरकारें केन्द्र की और प्रान्त की।

मिमियाए हुए मुख्यमंत्री, केन्द्रीय गृहमंत्री, प्रधानमंत्री सब एक स्वर में एक ही बात कहते हैं जो हो रहा है ठीक नहीं हो रहा है इसे बर्दाश्त नहीं किया जाना चाहिए। अब यह अलग विषय है कि हम इसे बर्दाश्त कर रहे हैं आप हमारी मजबूरी समझने की कोशिश ही नहीं कर रहे हैं। दो-चार क़त्ल के पीछे क्या हम उन वोटों की बलि चढ़ा दें, जो हमें आने वाले चुनाव में विजयी बनायेंगे। हम कुछ नहीं कर सकते। जिसको रहना हो रहे मुम्बई में जिसको जाना हो जाये। यह है हमारा वसुधैव कुटुम्बकम, हमारे भाईचारे का नारा।

हाल फिलहाल में जो हुआ है वह है रेलवे बोर्ड की परीक्षा देने आये एक छात्र की पिटाई के बाद मौत, दूसरी मौत पुलिस की गोली से (सच्चाई की प्रतीक्षा है) तीसरी मौत आज इरादतन क़त्ल। इल्जाम मरने वाले पर है कि

वह बिहारी क्यों था। वह उत्तर भारतीय क्यों था। अब यह तो उसी की गलती है कि वह क्यों पैदा हुआ ऐसे प्रांतों में? फिर क्यों गया विदेशी मुम्बई में जो केन्द्र के अधीन ही नहीं है। एक अलग देश है, जहाँ पर राज करते हैं राजा विलास राव जी, जो कितनी बात मानते हैं, केन्द्र में बैठी सरकार की, यह तो उपरोक्त घटनाओं से प्रकट है।

1974 में जब रेल हड़ताल हुई तो हम लोग नारा लगाते थे–''यह सरकार निकम्मी है, यह सरकार बदलनी है'' महज़ इसलिए कि हमें बोनस नहीं मिलता था और तनख्वाएं नहीं बढ़ाई जाती थीं। और आज कत्ल होने पर भी कहीं कोई आवाज नहीं, कहीं कोई नारा नहीं, कहीं कोई सार्थक हलचल नहीं, केवल कुछ नेताओं के गाल बजाने के अतिरिक्त।

यदि नेता अपने निजी स्वार्थ छोड़ दें और अराजकता के विरुद्ध सख्त कार्यवाही हो तो हालात बिल्कुल पटरी पर आ सकते हैं और चिथड़े-चिथड़े होती मानवता की चादर बचाई जा सकती है।

(नवम्बर, 2008)

जीडीपी/पीडीपी/एसबीपी

जनरल डोमेस्टीक प्रोडेक्शन/प्रो-पाकिस्तान डवलेपमेंट प्रोमोशन/श्राइन बोर्ड प्रोब्लम

कैसी-कैसी 'पी' हैं? पहली है सकल घरेलू उत्पाद जिसका प्रतिशत उम्मीद से अधिक बढ़ गया था। अब जरा-सा कम हो गया है और बताता है कि देश ने कितनी तरक्की की है। इसके साथ आप मुद्रास्फीति की बात न जोड़ें कि उसकी दर-प्रतिशत 13 तक पहुँच चुकी थी, अब कहते हैं कि 11 हैं, क्योंकि इसका जिक्र आने से सरकार का मूड ख़राब हो जाता है, और आने वाले चुनावों में प्रतिपक्ष जितने मुद्दे उठायेगा उसमें मुद्रास्फीति प्रमुख होगा। यह मुद्रास्फीति कभी 11 से 13 और फिर 13 से 11 भले ही हो जाये, लेकिन आम आदमी पर इसका असर बराबर रहेगा।

दूसरी 'पी' है–प्रो-पाकिस्तान डैवलेपमैंट पार्टी की, जिसके मुखिया हैं–मुफ्ती मोहम्मद सईद और उनकी बेटी महबूबा मुफ्ती। यह पार्टी राग गाती है कश्मीरियत का और साज बजाती है पाकिस्तान का। इसकी करतूतों पर यदि नज़र डाली जाये तो देखें कि इसने कभी भी एक शब्द इस विषय पर नहीं बोला कि तीन लाख कश्मीरी पंडित घाटी छोड़कर न जाने कहाँ-कहाँ शरणार्थी बने बेहाल घूम रहे हैं, जिन्होंने अपनी जन्मभूमि, उस प्यारी वादी में लौटने के विचार को ही मार दिया है। उनकी समस्या का क्या हो। उलटे यह जरूर हुआ कि जो आतंकवादी सेना के हाथों मारे गये, उनमें से कुछ के परिवारों को पी.डी.पी. ने पैंशन जरूर बंधवाई। उनको नहीं जो आतंकियों द्वारा पूर्ण रूप से बर्बाद कर दिये गये।

अब उस 'पी' की बात करते हैं जो जुड़ी है एस.बी.पी. अर्थात् श्राइन बोर्ड समस्या से। अर्थात् इसे सौ एकड़ जमीन देने की समस्या जो न थी, न हैं, यह तो पैदा की गई है। यह देन है केन्द्र में बैठी सरकार की जिसका सारा

कार्यकाल अल्पसंख्यक तुष्टिकरण में ही बीता है, जो सोचती है कि हमारी तुष्टीकरण की नीति बड़ी कामयाब होगी और अल्पसंख्यक वोट ही हमें फिर से केन्द्रीय सत्ता में लायेगा। वैसे तो राजनीतिक फलक कभी भी स्थाई नहीं होता। इसमें कब कौन सा रंग किस में मिल जाये कुछ भी नहीं कहा जा सकता, लेकिन वर्तमान परिदृश्य में केन्द्र में बैठे लोगों का ऐसा सोचना कि वर्तमान सत्ता फिर दोबारा केन्द्र पर काबिज होगी, यह केवल कोरा अनुमान है शेखचिल्ली के ख्यालों की तरह।

जब श्राइन बोर्ड को जमीन देने का मसला विधान सभा में पारित होने आया तो सर्वसम्मति से पारित हुआ, बल्कि पी.डी.पी. के दो मंत्री तो इसका अध्ययन तीन साल से कर रहे थे। और प्रस्ताव में यह साफ-साफ लिखा था कि अमरनाथ श्राइन बोर्ड को दी जाने वाली जमीन पर किसी भी प्रकार का कैसा भी निर्माण नहीं होगा। यह केवल वहाँ आने वाले यात्रियों को तात्कालिक सुविधाएं प्राप्त करवाने के लिये ही थी। इसका विरोध करने वालों से कोई पूछे कि साल के बारह महीनों में से जहाँ आठ महीने बर्फ जमीं रहती हो क्या वहाँ कोई हिन्दू जाकर बसेगा और बसेगा तो कैसे, जब आतंकवादियों ने घाटी में बसे तीन लाख पंडितों को वहाँ से भगा दिया हो। लेकिन यह मुद्दा जिसे आप कह सकते हैं–''मुद्दा बिना मतलब'' और जब अलगाववादियों ने इसे लेकर वहाँ की जनता को भड़काया तो लगी चिंगारी सुलगने और जिसे हवा दी पी.डी.पी. के नेताओं ने, जिसका फिर काउंटर हुआ जम्मू में।

तो बताइये, बढ़ती जी.डी.पी. पर खुश हों, या पी.डी.पी. के रवैये पर सिर धुनें अथवा एस.बी.पी. की उलझन के सुलझने की दुआ माँगें।

(नवम्बर, 2008)

इस देश का यारो क्या होगा?

हमारे देश के नेता हर अवसर पर केवल राजनीति करते हैं। राजनीति ही उनकी रोजी रोटी बनकर रह गई है। वैसे तो अधिकांश इनमें से वे हैं जिनके पैर कब्र में हैं पर उनकी साँस-साँस में राजनीति है। उनके उस ऑक्सीजन के सिलेण्डर में भी राजनीति भरी है, जिससे वे जीवित हैं, साँस ले रहे हैं।

सवाल यह नहीं है कि मुम्बई देश की आर्थिक राजधानी पर दुश्मन का हमला हुआ। और हमारे डेढ़ सौ से अधिक नागरिक मार दिये गये। पांच सितारा होटलों के फर्श जो शीशे की तरह दमकते थे उनपर उन निरीह नागरिकों का खून बह रहा था और इधर-उधर बिखरे-छितरे पड़े थे हमारे देशवासियों के शव। इन शवों को फलाँगते हुये दौड़ रहे थे वे गुण्डे आतंकवादी और उन्हें दुनियां से दफा कर देने के लिए पीछे दौड़ रहे थे हमारे वीर कमाण्डो। जिन्होंने अपनी जिन्दगी दाँव पर लगा कर हजारों लोगों की जिन्दगी बचा ली। हम उन वीर सिपाहियों को नमन करते हैं।

जनता की प्रतिक्रिया बड़ी सख्त थी। एक भी नेता की जय-जयकार नहीं हुई। यदि उनकी आंखें छलकीं तो केवल उन वीर कमाण्डों को देख कर जो इस युद्ध को जीत कर लौटे थे। प्रश्न उठता है कि यह हमलों का सिलसिला कब तक चलेगा? शायद तब तक, जब तक लाशों पर राजनीति होती रहेगी। काश! आज देश में होता कोई नेता लालबहादुर, पटेल या इंदिरा गांधी जैसा, जो इसका बदला लिये बिना कभी नहीं रहता और दुश्मन को उसके घर में जाकर मारता और फिर राजनीति की बात करता।

यहाँ तो राजनीति की बात करनी ही नहीं पड़ती उसके ज़ुमले तो पहले से ही नेताओं की जेबों में लिखे-लिखाये रहते हैं। जिन्हें वे कपड़े बदलते समय पुरानी जेबों से निकालकर नयी जेबों में रख लेते हैं। जनता क्या करे? दो चार

दिन शोक मनायेगी, देश के कर्णधारों को कोसेगी फिर रोजी-रोटी की जुगाड़ में लग जायेगी। यह बात नेताओं को अच्छी तरह मालूम है इसीलिये वे भी ऐसे मौकों पर सधी हुई बयानबाजी करते हैं। सूट बदल-बदल कर घायलों को देखने अस्पताल जाते हैं। मुआवजे की राशि तय करते हैं, सबकी अलग-अलग दर तय करते हैं। मुआवजा घायल होने की मिकदार पर निर्भर करता है। जो जान से गया उसे सबसे अधिक , जिसके पैर गये उससे कम और जिसका एक हाथ गया उसे उससे कम, सबकी दरें इसी क्रम में तय होती है। शहीदों के परिवारों को मुआवजा दे दिया जाता है और राजनीति की गाड़ी फिर से पटरी पर पूरी रफ्तार से दौड़ने लगती है।

क्या यह सब ऐसे ही चलता रहेगा? नहीं, यदि हम सभी नागरिक एक हो जाएँ और थोडी देर के लिये पार्टी के सदस्य न रहकर देश के सदस्य बनकर सोचें। इस देश में ऐसे कानून पारित हों जिनके जरिये भ्रष्ट नेताओं को वोट के जरिये वापिस बुलाया जा सके, पकड़े गये आतंकियों के खिलाफ हर फैसला केवल दिनों में हो, बरसों में नहीं। हर जान का सही मूल्यांकन हो। शहीद भगत सिंह, आजाद, बिस्मिल, राजगुरू और अश्फाक पड़ौसियों के यहां नहीं, अपने यहां जन्म लें। तभी हम इन हालात से उबर पाएंगे और कह सकेंगे–इस देश का यारो क्या कहना। ये देश है दुनिया का गहना।

(दिसम्बर, 2008)

कौन बचेगा, कौन मरेगा इस दौर में

आजकल तो सभी इस दौर के शिकार हैं। मजदूर, मिस्त्री, बाबू, चपरासी, फैक्ट्रीवाले, भवन निर्माता, भवन बेचने वाले, विकासकर्त्ता, सभी एम.बी.ए., एम.बी.बी.एस. और तमाम लोग जिनकी भीड़ को जोड़कर एक नाम दिया जाता है–'जनता'।

कहा जा रहा है कि देश मंदी के दौर से गुज़र रहा है, मैं कहता हूँ आदमी तिल-तिल मर रहा है। मोहनदास रोजमर्रा की तरह काम पर जाता है, उदास मन से जाना और मुँह लटकाये वापस आना और देर रात तक सोच में डूबे रहना उसकी दिनचर्या बन गया है। हरदम एक ही डर कि छटनी का फरमान किसी भी दिन जारी हो सकता है। इसलिए सारे कर्मचारी गेट में घुसते ही सबसे पहले नोटिस बोर्ड की ओर लपकते हैं फिर आगे बढ़ते हैं। देश की जी. डी.पी. यदि 8.5 प्रतिशत तक है तो उसमें से आधी तो हाउसिंग सैक्टर के ही कारण है। भवन निर्माता कई सौ करोड़ प्रतिदिन मजदूरी बाँटते हैं। लेकिन अब वे सबसे अधिक चिंतित और परेशान हैं। दिन-प्रतिदिन उनका खज़ाना खाली हो रहा है। रिजर्व बैंक अपनी ब्याज दर पुराने रेट पर लाने को तैयार नहीं और घर का खरीददार आज के रेट पर कर्ज़ लेकर घर खरीदने को तैयार नहीं, वह सस्ता होने की प्रतीक्षा में है। पर भवन निर्माता क्या करे वह चलते हुए निर्माण को कैसे रोके? वह जनता से (ग्राहकों से) किया अपना वायदा कैसे तोड़े? इसी कारण ऊपर से नीचे तक सब इस मंदी का शिकार हो गये हैं। यदि कोई शिकार नहीं हुआ है तो वह है नेता।

नेता के दौरे आज भी वही हैं चंदे के रेट भी वही हैं। उसकी बला से पैट्रोल चाहे 147/- रुपये बैरल रहे या 47/- रुपये, उसकी गाड़ियों की रफ्तार और आवाजाही उसी तरह बरकरार है।

वित्तमंत्री जी से किसी ने पूछा कि आप कहते हो "सस्ता बेचो नहीं तो महँगा पड़ेगा" तो यह बात आप पर क्यों नहीं लागू होती। तो वे हँसकर कहते हैं, तुम्हारा प्रश्न ही बचकाना है। हम हम हैं, हमें उन कम्पनियों का पेट पहले भरना है जो सरकार का पेट भरती हैं। इसलिए जब तक वे नहीं कहेंगी हम पैट्रोल के दाम कम नहीं कर सकते और अभी तो हम मशगूल हैं कि अब कौन सा नया टैक्स ईज़ाद किया जाये जिसे जनता पर लादा जाये। जनता की जात गधे से बहुत मिलती है, जितना मर्जी लादो वह कुछ भी नहीं कहेगी। थोड़ा इधर-उधर होगी, बोझ को टाँग बदल-बदल कर सहती रहेगी फिर भी जिन्दा रहेगी। थोड़े दिन में ही चूँ-चूँ की आवाज बन्द हो जायेगी और इस प्रकार राज करने वालों की सेहत ज्यों की त्यों बरकरार रहेगी।

सरकार कितनी उदारता बरत रही है कि यदि कम्पनियाँ चाहें तो एक्साइज ड्यूटी में कमी लाई जा सकती है। लेकिन पहले कम्पनियाँ चाहें फिर सरकार को बतायें, फिर मसौदा वित्तमंत्री जी बाँचें, फिर आदेश पास करें। और फिर वह आदेश धीरे-धीरे सरकता हुआ लागू होने के मुकाम तक आये। तब तक कौन जाने कौन मरेगा, कौन जिएगा। और सबसे पहले मरेगा वह व्हाइट कालर जो न इधर का है, न उधर का, उसे तो भूखा रह कर भी अपना कालर व्हाइट रखना पड़ता है।

(दिसम्बर, 2008)

"जाहि विधि राखे राम, ताहि विधि रहिये"

जी हाँ! अब आप सुख और शांति से तभी जी सकेंगे जब सब कुछ राम पर छोड़ देंगे। क्योंकि आपकी क्षमताओं का, योग्यता का, संवेदनशीलता का दिन प्रतिदिन क्षरण हो रहा है। प्रतिपल आप के भीतर की संवेदनशीलता भाप बनकर उड़ती जा रही है।

अखबार उठाते हुए डर लगता है, न जाने कितनी वीभत्स खबर छपी हो। क्या पता आज फिर विस्फोट हुआ हो, कितनी माँगों के सिंदूर पुछ गये हों, कितने दुधमुँहे यतीम हो गये हों कितनो के मँगेतर शहीद हो गये हों।

ये दृश्य अब आम होते जा रहे हैं क्या जयपुर, क्या गुजरात, क्या सूरत, क्या अहमदाबाद, दिल्ली और मुम्बई बार-बार। और उस पर तुर्रा यह कि इस कैंसर का कोई इलाज नहीं। हमारे पास पृथ्वी मिसाइल है, ब्रह्मोस है, अत्याधुनिक हथियार हैं पर सबके सब मोथरे से लगते हैं। हमने इतनी प्रगति हथियारों के क्षेत्र में इसलिए की थी कि पड़ौसी को पता रहे कि हम कमजोर नहीं हैं। पर पड़ौसी पर इस बात का जरा सा भी प्रभाव नहीं। तो हम क्या करें? युद्ध हम कर नहीं सकते, क्योंकि उसका परिणाम जनता के लिये (इस देश की और उस देश की) अत्यन्त विनाशकारी साबित होगा और एक लम्बे अरसे के लिए विकास पर सवालिया निशान लग जायेगा।

इस सबके बावजूद दिमाग फिर उसी प्रश्न पर आकर रूक जाता है कि हम करें तो क्या करें? पता नहीं क्यों मुझे लगता है कि कम से कम हम इतना तो कर ही सकते हैं कि इस देश को पलीता लगाने वाले लोग, जब पकड़े जायें तो हम उन्हें मुकदमा बना कर गले में न लटकायें बल्कि सीधे-सीधे लटकायें।

अब पड़ोसी की सेना का सर्वे-सर्वा बल्कि उस देश का असली सर्वे-सर्वा कयानी कह रहा है कि हम हिन्दुस्तान को धूल चटा देंगे। इस ब्यान से उसका

शेखचिल्ली-पना ही टपकता है। क्योंकि उस आदमी ने कभी तरो ताज़ा पिछले तीस साल का इतिहास नहीं पढ़ा। यदि हमारे देश की नीति और परम्परा उसके देश जैसी होती तो बँग्लादेश पर और लाहौर पर आज तिरंगा लहरा रहा होता। हमारी नीति तो उसे सबक सिखाने की रही है, न कि जमींदार बनकर उसकी जमीन हथियाने की।

लेकिन यदि फिर हम पर युद्ध थोपा जाता है (जैसा कि लग रहा है) तो फिर अपनी सेना को एक ही संदेश होना चाहिए कि–

बढ़े चलो बढ़े चलो रुको नहीं
रुको वहीं जहाँ न शत्रु हो कहीं

(जनवरी, 2009)

कभी खोटा सिक्का भी काम आता है?

यह कहावत ही गलत है। भला खोटा सिक्का कैसे चलाया जा सकता है? हाँ एक ही तरह से चल सकता है खोटा सिक्का कि चलाने वाला बेहद काँइयाँ हो और सामने वाला बिलकुल अंधा। लगातार बयानबाज़ी हो रही है और कयास-दर-कयास लगाये जा रहे हैं कि शायद अब पाकिस्तान अपने उन वायदों पर खरा उतरे जो उसने अभी कुछ ही समय पहले सारी दुनिया के सामने मुम्बई हमले के तुरन्त बाद किये थे कि वह न तो अपनी जमीन से आतंकी हमले होने देगा और न ही अपनी धरती पर आतंक की फसल उगने देगा।

हमारा देश और इसके हुकमरान आज भी इसी उम्मीद में हैं कि शायद पाकिस्तान अपनी कही बात पर खरा उतरे। समझ से परे की बात है कि भला खोटा सिक्का कैसे खरा हो सकता है? सबूतों के पुलन्दे बनाकर हमारी सरकार दर-दर अलख जगा रही है। दूरस्थ देशों के दरवाजे पर दस्तक दे रही है–"सुनो-सुनो! हमारी सुनो कि हमारे देश में पड़ोसी मुल्क आतंक फैला रहा है और जब चाहे हमारी सीमा पार कर देश के किसी भी कोने में आकर सैकड़ों-हजारों लोगों को मार कर हताहत कर चला जाता है।"

फिर हम शान्ति के दूत शान्ति के कबूतर उड़ाते हैं। दुनियाँ को बताते हैं कि हम पक्के गांधीवादी हैं, अहिंसक हैं। यहाँ तक अहिंसक कि यदि कोई आतंकी पकड़ भी लिया जाये तो हम उस पर मुकदमा चलाते हैं। उसे कानूनी सहायता मुहैया कराते हैं और यदि वह सजा पा जा जाता है तो भी उसे जिन्दा रखने की पूरी-पूरी कोशिश करते हैं, ऐसे हैं हम।

हमने अभी-अभी मुम्बई में घटी सबसे बड़ी आतंकी घटना का सच दुनियाँ के लगभग सौ से अधिक देशों को बताया है। और सभी लोगों ने हमारे

साथ हमदर्दी दिखाई है। अब इस हमदर्दी की रजाई को उढ़ा दीजिये उन दो सौ मरे हुए लोगों पर या सैकड़ों घायल हुए लोगों पर।

देश का हर नागरिक लगातार यही महसूस कर रहा है कि कुछ भी नहीं होगा। क्योंकि हर कोई जानता है कि यह जनता कितने दिन तक याद रख पायेगी, इस बड़े हमले को और नरसंहार को। रोजी-रोटी की जुगत में कुछ दिन के बाद सब कुछ भूल जायेगी। अगर कोई चीज किन्हीं व्यक्तियों को कचोटती रहेगी तो केवल उन परिजनों के दिल में एक दर्द भरी टीस, जिनके परिवारजन इस बड़े हमले में मारे गये हैं।

सरकार अभी पाकिस्तान के खिलाफ जनमत बना रही है और पाकिस्तान उधर नये बँकर बना रहा है और पिछले युद्ध में भारतीय सेना ने जिन बँकरों को ध्वस्त कर दिया था, उनकी मरम्मत कर फिर से ठीक-ठाक कर रहा है। वहाँ हुकमरान अपनी जनता के सामने दिन-रात भारत के खिलाफ जहर उगल रहे हैं, उल्टे कह रहे हैं कि भारत हम पर हमला करना चाहता है।

तो स्पष्ट है कि पाकिस्तान इस मूल मुद्दे से दुनिया का ध्यान हटाना चाहता है कि मुम्बई पर हुए आतंकी हमले में पाकिस्तान का हाथ है। इसीलिए अपने देश के आतंकियों को बचाने के लिए वह दिन-प्रतिदिन पैंतरे बदल रहा है तथा युद्ध का हौआ खड़ा कर रहा है। हमारा स्पष्ट मत है कि नरम रवैये तथा टालमटोल की नीति से हमारा पड़ोसी अपनी करतूततों से बाज़ आने वाला नहीं। हमें कुछ न कुछ ठोस कार्रवाई करनी पड़ेगी, और उसके लिये भारत-सरकार को कमर कस लेनी चाहिए। देश की जनता उसके साथ है।

(जनवरी, 2009)

गुमशुदा मुद्दे की तलाश

आमतौर पर यह होता है कि जब घर का बुजुर्ग सठिया जाता है तो उसकी खाट घर के एक कोने में लगा दी जाती है। रोटी-पानी सब वहीं दिया जाता है और वह उन प्राणियों की जात में शामिल हो जाता है जिन्हें केवल रात में दिखाई देता है। (सठियाने का मतलब यहाँ उम्र से बिलकुल भी नहीं है—अक्ल से है।)

सठियाने के कुछ लक्षण होते हैं—जैसे एक ही बात को बार-बार दोहराना, खुद संभाल कर रखी हुई चीज को भूल जाना। देश की बात तो बहुत दूर की है अपने परिवार को भुलाकर, खुद पर केन्द्रित हो जाना और जब उसे यह लगने लगे कि लोग उसे भूलने लगे हैं तो कोई ऐसा शगूफ़ा छोड़ना जिससे घर, परिवार, मौहल्ला, नगर, देश सभी लोग उसकी बात को गम्भीरता से लें। भले ही उसकी बात चाहे थू-थू करने करने वाली हो, चाहे खिल्ली उड़ाने लायक, चाहे धिक्कारने लायक।

ऐसी ही एक बात फिर से माननीय श्री अर्जुन सिंह, मानव संसाधन विकास मंत्री, भारत सरकार ने दिनांक 20/01/2009 को दोहराई है और साथ ही प्रधानमंत्री मनमोहन सिंह को भी लपेटा है कि 'बटाला काण्ड' जिसमें देश का जाँबाज पुलिस अधिकारी मोहनलाल शर्मा आतंकियों की गोली का शिकार हो गया। कुछ आतंकी पकड़े गये, कुछ पुलिसकर्मी घायल होकर अपंग हो गये। उनका उन्हें कोई दुःख नहीं, बल्कि कुछ अन्य नेताओं के स्वर में स्वर मिला कर आवाज उठाई है कि इस काण्ड की जाँच होनी चाहिए। जाँच इस बात की कि कहीं ऐसा तो नहीं कि स्व. मोहनलाल शर्मा वहाँ खुद ही अपने साथियों को लेकर गये हों और कहा हो कि चलो भई, तुम लोग मुझे वहीं ढेर कर देना।

ऐसी बात ऐसे सठयाये नेता कब कहते हैं जब वे किसी अल्पसंख्यक समुदाय के कार्यक्रम की भीड़ में होते हैं। अल्पसंख्यक भूल जाते हैं कि यह हमदर्दी की बात नहीं है यह तो वोट बटोरने का काइयाँ फारमूला है। यदि कुरेद कर देखा जाये कि यह नेता जो ऐसी बात कह रहा है इसके राजनीतिक और सामाजिक जीवन की कौन-कौन सी उपलब्धियाँ हैं तो आप एक बड़ा शून्य पायेंगे।

इस तरह की अनाप-शनाप अनर्गल बातें कर दो समुदायों के बीच की खाई को और चौड़ा करना कहाँ की बुद्धिमत्ता है। काँग्रेस में अनेक नेता ऐसे हैं—जो बड़े विवेकशील हैं, अपनी बात नये तार्किक शब्दों में कहते हैं, नीतियाँ भी ऐसी अपनाते हैं, जो सैकुलर हों और सर्वजन-हितकारी हों। पर जब अपनी ही पार्टी के बुजुर्ग नेता इस प्रकार की घटिया सी बात करते हैं तो सभी चुप्पी साध जाते हैं। शायद आँतरिक अनुशासन इसकी इजाजत न देता हो और परोक्ष रूप से ऐसा सोचा जाता हो कि शायद बुजुर्गवार अपनी ऐसी बचकानी बातों से ही सही अल्पसंख्यक वर्ग के कुछ वोट कमा कर ले आयें।

हमारा मत है कि ऐसी अनाप-शनाप बातें करने वालों को सरकार को गम्भीरता से लेना चाहिए और ऐसे लोगों को कम से कम मानव संसाधन विकास मंत्रालय तो नहीं ही देना चाहिए। कांग्रेस को चाहिए कि इस प्रकार के अपने नेता को धरोहर के रूप में संभालकर और समझा कर रखना चाहिए और यह भी एडवांस में बताकर सख्त ताकीद करनी चाहिए कि हे बुर्जुगवार आप अपनी और हमारी इज्जत के लिये बोलें तो घर के अन्य सदस्यों से सलाह-मश्वरा जरूर कर लें।

(फरवरी, 2009)

दलों के दलदल में, ढूँढ़िये कमल

जैसे बसंत आने पर जनमानस का मन एक अजीब सी गहमा-गहमी से उल्लसित होने लगता है, कुछ ऐसा ही माहौल बनता जा रहा है आने वाले चुनाव को लेकर।

उम्मीद है कि 28 फरवरी तक अर्थात् 18 दिनों के भीतर ही माह के अंतिम सप्ताह में किसी भी दिन यह घोषणा हो जायेगी कि अमुक अमुक तारीख को अमुक अमुक स्थानों पर इस विशाल देश की संसद के लिये चुनाव होंगे। और इन्हीं दिनों में कुछ बड़ी-बड़ी घोषणाएं भी की जायेंगी, कितने ही स्थानों पर शिलान्यास किये जायेंगे।

आजकल किसी भी समाचार-पत्र को उठाइये, बनते बिगड़ते समीकरणों के समाचार पढ़ने को मिलेंगे। भूले-बिसरे, बहुत दिनों से निठल्ले बैठे पूर्व मंत्री व सांसद अब अनेक प्रकार के कार्यक्रमों में व्यस्त हो गये हैं।

अभी-अभी उत्तर प्रदेश में महाजाट सम्मेलन होकर चुका है, जिसमें उत्तर प्रदेश के तमाम बाहुबली और बुद्धिजीवी नेता एकत्र हुए। अपनी जाति के उत्थान के लिये क्या किया जा सकता है–विचार मंथन हुआ और एक ध्वनि से प्रस्ताव पारित हुआ कि आरक्षण दो और वोट लो।

अब स्पष्ट है कि जो दल या पार्टी आरक्षण का वायदा (झूठा अथवा सच्चा) करेगी, वही वोट पायेगी। इसमें एक संदेह यह उभर कर आता है कि जीतने के लिये वोट तो चाहिए ही, हो सकता है एक से अधिक दल अथवा पार्टी यह नारा दे कि वोट दो और आरक्षण लो, अब कौन किसको क्या देगा यह तो भविष्य की बात है।

अब दूसरा महासम्मेलन श्री सतीशचन्द्र मिश्रा अमेठी में ब्राह्मणों का करने जा रहे हैं। सुश्री मायावती जी का कहना है कि वे एक समता-मूलक

समाज का सृजन करना चाहती हैं और यह केवल उन्हीं की पार्टी (बसपा) कर सकती है और इसके लिये ब्राह्मणों का एक महासम्मेलन अति-आवश्यक है।

भाजपा ने भी अपने पुराने हथियार, मतलब कि नारे निकाल लिये हैं, यदि हम सत्ता में आये तो राम-मन्दिर अवश्य बनेगा। बीच में जब राजग की सरकार थी तो यह मुद्दा ठंडे बस्ते में पड़ गया था, लेकिन अब वह पुनर्जीवित हो उठा है।

अभी बड़ी पार्टियों में कांग्रेस बाकी है। वह भी कोई दमदार नारा बस देने ही वाली है। हो सकता है वह चुनाव घोषणा तक एक ही राग अलापती रहे, पाकिस्तान को धमकाने का और उसे दुनिया के देशों से अलग-थलग करने का और हो सकता है इसी में से ही कोई चुनाव जिताऊ मुद्दा निकल आये।

सभी पार्टियों के पास एक कॉमन मुद्दा भी था, आधी आबादी के लिये 33 प्रतिशत रिजर्वेशन का। वैसे तो यह मुद्दा हर बार संसद में कई-कई बार उठता है और फिर गिर कर लोप हो जाता है। 33 प्रतिशत कोटा स्त्रियों का हो, यह माँग एक लम्बे समय से चली आ रही है और चलती रहेगी और यह मुद्दा सभी दलों के दलदल में नीचे और नीचे दबता चला जायेगा।

अब आप चूँकि वोटर हैं तो आपको ही ढूँढ़ना है दलों के दलदल में कमल। हमारा तो मानना है कि दल कोई भी हो यदि उसमें आपको कोई खिलता कमल मिलता है तो आप अपने कलश का जल अर्थात् वोट उसी को समर्पित कर दें। शेष आपकी अपनी मर्जी, वोट भी आपका और मर्जी भी आपकी। ईश्वर आपकी सहायता करे!

(फरवरी, 2009)

सुख से जीओ सुखराम जी

एक ट्रॉयल कोर्ट ने 13 साल लगतार परिश्रम करके परिणाम यह निकाला कि श्री सुखराम जी 4.25 करोड़ रुपये के गबन के दोषी हैं। यह पैसा उनके यहाँ से मिला, इस सच को उन्होंने भी माना लेकिन साथ ही कहा कि वे निर्दोष हैं। यह अलग बात है कि वे दोषी हैं पर हैं तो निर्दोष।

13 साल लगे अदालत को यह मनवाने में कि सुखराम जी आप मान क्यों नहीं लेते कि ये जो 4.25 करोड़ रुपये नकद आपके घर में सिराहने के नीचे और घर में बने मंदिर से मिले, वे आपके ही हैं। अदालत ने तो सच साबित कर दिया, अब यह अलग बात है कि सुखराम जी कह रहे हैं कि वे निर्दोष हैं और उन्हें फँसाया गया है। पर वे हिचकिचा रहें हैं, यह बताने में कि उन्हें किसने फँसाया है। वास्तविकता तो यह है कि खुद सुखराम ने ही सुखराम को फँसाया है। उस सुखराम ने जो उनके भीतर विराजमान है।

अब प्रश्न यह है कि यह रुपया तो पकड़ा गया। क्या ऐसी संभावत्ता नहीं कि कुछ और भी रुपया रहा हो जो कहीं चला गया हो क्योंकि, ‘‘लक्ष्मी के पाँव में पहिये लगे हैं/यह चंचला रूकती कहाँ है’’

खैर सुखराम जी, धन्यवाद दो इस देश की न्यायिक परम्परा को कि यहाँ अदालतों के पास जो मुकद्मे हैं वे ट्रक की तोल के हिसाब से हैं और न्यायाधीश नैनो कार के हिसाब से। इसी कारण आप 13 साल तक इस ज़रा से मुकद्मे को खींच ले गये और अभी भी तो आप ही की जीत हुई है। पहले तो इसी में शक है कि आपको लम्बी सजा मिलेगी, संभावना इसी बात की अधिक है कि अधिक से अधिक एक से दो वर्ष की ही सजा आपको मिलेगी क्योंकि सजा देने वाले भी तो हाड़मांस के पुतले हैं। उनके भीतर भी आत्मा है जो परमात्मा का ही अंश है। वे दस बार सोचेंगे कि 82 साल के व्यक्ति

को सात साल की सजा देना ठीक होगा कि नहीं। लेकिन हम तो हर हाल में आपके दीर्घ जीवन की कामना करेंगे कि आप शतायु हों और जो भी प्रसाद मिले उसे चखें। और अभी तो यह शुरूआत है। जब ट्रॉयल कोर्ट ने ही 13 साल ले लिये, तो अभी हाईकोर्ट है और फिर उसके बाद सुप्रीम कोर्ट भी है। अब यह अलग बात है कि देश का उच्चतम न्यायालय ऐसे मुकद्मों पर गौर करता भी है या नहीं।

सुखराम जी का सच तो वे ही जानें पर इसी प्रकरण में मुझे एक 50 वर्ष पूर्व की घटना याद आ गई जब मेरे सहपाठी के मामा जो भाखड़ा डैम पर तैनात थे एक मालगाड़ी का पूरा ही सीमेंट का रैक बेच देने के आरोप में सस्पैंड चल रहे थे। दिल्ली में उनके शानदार ड्राईंगरूम में बैठे हुए मैंने ही प्रश्न किया था, ''मामा जी आप जवान हैं, दो साल से घर बैठे हैं और चिंता का एक भी चिह्न आपके चेहरे पर नहीं दिखता'' तो उनका उत्तर था, ''जो मैं कमा चुका हूँ, उसकी एवज़ में कोई भी सजा कुछ भी मायने नहीं रखती।''

पता नहीं क्यों सुखराम जी का किस्सा अख़बार में पढ़कर इतनी पुरानी बात इस बात से आ जुड़ी।

(मार्च, 2009)

आओ खेलें सवाल-सवाल

मैं पूछूँ तुझसे सवाल
तू पूछे मुझसे सवाल
चलें हवा में तलवारें
हर सवाल का उत्तर मिले, सवाल

पता नही अभी तक सरकार बोर हुई कि नहीं पर हम, यानि भारत का हर वह नागरिक जो देश की सेहत के बारे में जागरूक है चिंतित है पूरी तरह से बोर हो चुका है। अब चौदहवीं लोकसभा का चाँद तो छुप ही चुका है बस थोड़े दिनों में ही फिर से नया चाँद इस आसमान में उगेगा जिसमें अभी ताजी-ताजी मुम्बई में जली बारूद का धुआँ छाया हुआ होगा और गोलियों की आवाजें हवा में तैर रही होंगीं। और जब नया चाँद उगेगा और संसद की महफिल फिर से सजेगी, शतरंज के खानों में पक्ष-निष्पक्ष सजेगा तब फिर से इस सवाल पर बहस होगी कि 26/11 का अब क्या करना है। यदि वर्तमान सरकार आई तो बताएगी कि उसने आज तक कितने भारी-भारी सवाल आतंकी देश से पूछे और उसने उत्तर के बदले में बजाय कोई ठोस कार्यवाही के एक दो नही बल्कि 30 सवाल पूछे और हमने बड़ी बहादुरी के साथ उन 30 सवालों के जवाब भेजे। यह अलग बात है कि उस देश में जाकर हमारे जवाब फिर से सवाल बन गये। और इस तरह हमने यह मौखिक युद्ध महीनों तक लड़ा लेकिन उनके सवाल या हमारे सवाल, सवाल ही बने रहे उत्तर में नहीं ढल सके अब आप ही बताइये कि हमने मुम्बई हमले में हुई तबाही का बदला लेने में कहाँ कोताही की।

कई बार यह विचार आता है कि जब इस बुढ़ापे में हमें अपने नाकारापन पर इतना क्रोध आता है तो उस जवान की क्या हालत होती होगी, जो आंधी

पानी में, बर्फ में, तूफान में बड़े वजनी हथियार कंधे पर लादे दिन रात हमारी सीमा की रखवाली करता है। डर है कि कहीं हमारे इस खेल से उसका मनोबल न टूट जाए। प्रश्न यह उठता है कि यदि हम ही सरकार के स्थान पर होते तो क्या करते? क्या युद्ध छोड़ देते? तो उत्तर में 'नहीं' ही उभर कर आता है पर क्या आपके जीवन में ऐसे अवसर नही आए जब किसी की लगातार बदतमीजी से आजिज आकर आपके भीतर के गाँधी ने हथियार डाल दिये हों और वीर सुभाष का जन्म हो गया हो? जी हाँ सोचिए एक बार नहीं कई बार ऐसा हुआ होगा और आपके गाँधी की अहिंसा की नदी में बदले की आग जली होगी। यह अलग बात है कि बदला लेने में अक्षम आप मन मसोस कर रह गये होंगे। अपना एक सुझाव है–हमारा देश ग्राम प्रधान देश है और सदियों से बड़ी-बड़ी समस्याओं का समाधान पंचायतो के द्वारा ही किया गया है, देश की इस समस्या के लिए क्यों न हम (पक्ष-निष्पक्ष) मिलकर बैठें, खूब बहस करें और अच्छा-बुरा सोचकर एक ठोस निर्णय लें, तदानुसार कार्यवाही करें और देश की इज्जत को बचायें जिसे मात्र कुछ आतंकवादियों ने एक युद्ध की शक्ल देकर दागदार कर दिया है और चूंकि वे आतंकवादी पड़ौसी दुश्मन देश के हैं जो अपनी कार-गुजारी पर मन ही मन गर्व कर रहा है और कार्यवाही के नाम पर हमें गुमराह कर रहा है। ऐसे दुश्मन को एक समुचित उत्तर देना अति आवश्यक है। इसी सन्दर्भ में कुछ पंक्तिया बरबस याद आ गईं–

मानवता पर विस्फोटों के ऐसे ही प्रहार होंगे
समुचित उत्तर नहीं दिया तो हमले बार-बार होंगे
संसद के भीतर-बाहर कुछ लफ्फाजी विचार होंगे
एक लाख मरने की कीमत आधा घायल को देंगे।

(मार्च, 2009)

शुरू हो चुका है समर

जी हाँ चुनाव का बिगुल बज चुका है—युद्ध की सी तैयारियाँ देश के कोने-कोने में चल रही हैं। बगुले जैसे श्वेत वस्त्रों में सजे नेता मैदान में उतर रहे हैं। पूरा लाव लश्कर उनके साथ हैं। प्रचार-प्रसार के जितने भी साधन हैं सब को खरीदने की होड़ लगी है।

बड़े-बड़े पूरे-पूरे पृष्ठ के विज्ञापन तो बन्द हुए, लेकिन उसके विकल्प में दूसरे माध्यम अपना लिये गये हैं। किसी भी प्रकार इस वोटर नाम के जीव को प्रभावित कर इससे वह हथियार छीनना हैं जिससे वह दूसरे को (प्रत्याशी को) तो धराशायी कर ही सकता है चाहे स्वयं अपना कुछ भी भला न कर पाये। लेकिन यही समय है, आपके पास सोचने का, सँभलने का और अपने हथियार के सही इस्तेमाल का।

भिन्न-भिन्न दलों ने और पार्टियों ने स्वयं कुछ व्यक्तियों को उम्मीदवार बना कर आपके सामने खड़ा कर दिया है। इनमें से कुछ दागी हैं, कुछ अच्छे-खासे दागी हैं और कुछ हैं बेदाग। जिन पर दाग लगे हैं उनका तर्क है कि दाग ही तो हैं, धुल जायेंगे। ऐसे-ऐसे डिटरजैंट बाजार में उपलब्ध हैं कि पता भी नहीं चलेगा कि दाग लगे भी थे या नहीं। अरे दागों को मिटाने या बरकरार रखने का काम न्याय व्यवस्था ही तो करती है जिसका टाइम टेकिंग फैक्टर किसी भी मामले में कितना है उससे आप अच्छी तरह परिचित हैं। सो अगर कोई दागी है भी तो दाग धुलते-धुलते तो उसका दूसरा जन्म भी हो जायेगा। तो क्या आपके गणित के मुताबिक वह आपकी सेवा करने से वंचित रहे?

कोई भी आदमी बेदाग कुर्ता-पायजामा पहने आपके द्वार पर आकर घंटी बजाता है कि जी मैं आपका सच्चा सेवक हूँ, था या बनना चाहता हूँ। आप

अपना कीमती वोट मुझे ही दें और इस काबिल बनायें कि मैं आपकी सेवा कर सकूँ। मन कहता है कि भई! हमें तो आपसे सेवा नहीं करवानी। पर माँगने वाला, विनती करने वाला कहता है कि मुझे तो करनी है आपकी सेवा। यदि राजी से नहीं तो गैर-राजी करनी है।

जातियों की महापंचायत और सम्मेलन हो रहे हैं। प्रत्याशी वहाँ लाव लश्कर के साथ पहुँच रहे हैं और अपने सफेद कुर्ते पर जाति या विशेष वर्ग का समर्थक होने का ठप्पा लगवा रहे हैं। झूठे-सच्चे वायदों के साथ आपकी सेवा करने वाले प्रत्याशी समाज को जातियों के खाने में बाँटकर उस जाति व्यवस्था को मजबूत कर रहे हैं जिसे हर बुद्धिमान व्यक्ति समाप्त देखना चाहता है।

आप बड़े असमंजस में हैं, परेशान हैं और विवश भी। क्योंकि आपको तो उन्हीं में से एक को चुनना हैं जो आपके सामने खड़े हैं। और यदि उनमें से एक भी ऐसा नहीं जो आपकी तराजू पर खरा उतरता हो तो आप कुछ भी नहीं कर सकते। क्योंकि वह अधिकार तो आपको मिला ही नहीं कि आप उन सभी को नकार कर किसी और को चुन सकें।

होना चाहिए कुछ ऐसा कि वोटर पार्टी से प्रश्न कर सके कि आपने क्यों थोपे हैं ऐसे उम्मीदवार हमारे ऊपर? कुछ ऐसी व्यवस्था हो कि पार्टियों को वोटर का यह संदेश, उसकी पसंद के व्यक्ति का संदेश किसी प्रकार पहुँचे। पर यहाँ तो बिल्कुल उल्टा हो रहा है। लगभग हर पार्टी में एक जैसी धकापेल है। जो पार्टी नेता का अच्छा चापलूस है या रहा है, बाहुबली भी है, धनी भी है, पार्टी फण्ड में अच्छा दान कर सकता है, पार्टी की आलाकमान उसी को थमा देती है वह पट्टा जिससे बनता है, वह जनप्रतिनिधि।

अब आपके पास एक ही विकल्प है कि आप पार्टी से परे की सोचिये। पार्टी नहीं व्यक्ति को देखिये। क्या उम्मीदवार की छवि साफ है। उसके कार्यकलाप कैसे रहे हैं, क्या वह समाज से जुड़ा रहा है, यदि हाँ तो उसी को वोट दीजिए।

विचार कीजिये, मनन कीजिये और मंथन कीजिये। काफी समय आपके पास है और तभी अपना कीमती वोट उसके पक्ष में दीजिये। देख लीजिये आज देश की हालत, कानून व्यवस्था और सुरक्षा आदि के मोर्चों पर कैसी है और आप कैसी चाहते हैं, उसी के अनुसार अपने प्रतिनिधि का चुनाव करिये।

समर प्रारंभ हो चुका है, और तीर अभी आपके धनुष पर चढ़ा है। तीर का लक्ष्य-संधान यदि ग़लत हो गया, तो फिर पछतावे के अतिरिक्त कुछ नहीं लगेगा आपके हाथ, क्योंकि तीर को वापिस लेने की कोई व्यवस्था, कोई उपाय नहीं है। अतः बहुत सोच-समझ कर अपने वोट रूपी शर का संधान कीजिए।

(अप्रैल, 2009)

दम तो है अगले की बात में

"गंगा में डुबकी बेकार/थाम ले राजनीति का हाथ
सारी मुश्किल दूर भगेंगी/धुल जायेंगे सारे पाप।"

मेरा दोस्त महेन्द्र एक दिन सुबह-सुबह मेरे पास आया। जिस समय वह आया मैं अपने ही समाचार-पत्र के लिये संपादकीय लिख रहा था।

उसे मालूम है कि मैं कब सैर से लौटता हूँ, कब अपनी चाय बनाकर पास रखकर अपने लेखन में व्यस्त हो जाता हूँ। जब वह आया तो मेरा आज का लेखन लगभग समाप्ति पर था। वह बैठा और शुरू हो गया। मुझे अच्छी तरह पता है–उसकी बरसों पुरानी आदत का। बिना पूछे शुरू हो जाता है, बोलता रहता है बिना किसी विराम और अर्धविराम के। असलियत तो यह है कि वह किसी क्षोभ से भरा हुआ रहता है। व्यवस्था के प्रति एक क्रोध उसके भीतर उमड़ता रहता है। कभी सरकार के कारनामों के प्रति, तो कभी उसके कामकाज के प्रति। वह कहता रहता है कि जो हुआ है वह गलत हुआ है, क्या यह ऐसे नहीं हो सकता था।

उसे कई बार समझाया कि भैया! पहली बात तो हमारा देश दुनिया का सबसे बड़ा लोकतांत्रिक देश है, एक विशाल आबादी वाला विशाल देश। और इसमें यह सब ऐसे ही चलता है। मेरा ऐसा कहने पर वह कुछ देर चुप रह कर फिर शुरू हो जाता है, बात तो तेरी ठीक है। तू जब से रिटायर हुआ है, लगातार कलम घिस रहा है, 20 साल हो गये। अगर तेरे सारे लेखन को छाप दिया जाये तो अलमारी भर किताबें बन जायेंगी, पर तेरी इस कलम घिसाई का परिणाम क्या निकला? तेरे जैसे हजारों लोग रोज लिख रहें हैं और छप भी रहे हैं पर फायदा क्या है? इस सबसे होने वाला बदलाव कहाँ है? फिर उसे समझाता हूँ कि किसी भी देश का बुद्धिजीवी किसी भी ज्यादती को

चुपचाप बर्दाश्त नहीं करता। वह अपनी भड़ास यदि झण्डा, डण्डा उठाकर नहीं निकालता तो लिखकर ही निकालता है। वह जानता है कि जितनी भी क्रान्तियाँ हुई हैं, सब लिखे को पढ़ने के बाद ही हुई हैं। हमारे लिखे को लोग पढ़ते हैं, मनन करते हैं, फिर दिल में गुस्सा भरते हैं, फिर अन्याय के प्रति एक जुनून पैदा होता है। फिर वह जुनून जुलूस की शक्ल लेता है, जुलूस कुछ नारे गढ़ता है, फिर सड़कों पर निकलता हैं, फिर व्यवस्था के सिर में दर्द पैदा करता है, फिर पानी की बौछारें, रबर और पीतल की गोलियाँ चलती हैं, सड़कें लाल होती हैं और फिर बदलाव आते हैं।

मुझे बीच में चुप कराते हुए बोला–''गरीबी हटाओ, बेकारी हटाओ, राम राज लाओ। ये साठ साली नारे सुनते-सुनते मैं तो सठिया गया हूँ। पर मुझे समझ नहीं आती कि तू कितना पक्का आदमी है। ऐसे नारे सुनता रहता है और लिख-लिख कर कुछ न कुछ छापता रहता है। पिछले बीस साल में मैंने यह नोट किया है कि तू घिस गया है, तेरी कलम घिस गई है लेकिन बदला कुछ भी नहीं है। मैं तो तेरी भलाई के लिये ही कुछ सोचकर तेरे पास आया था और अगर तू सुने और अपनाये तो कहूँ नहीं तो बेकार है, कुछ भी कहना सुनना।''

पुराना दोस्त है, लगभग तीस साल तो सरकारी नौकरी में ही मेरे साथ रहा और सन् 1974 के आपात्काल में भी मेरे साथ ही जेल यात्रा में रहा, पुराना साथी है, जरूर मेरे भले की ही बात सोचकर आया होगा सोचकर मैंने भी सिर हिलाते हुए कहा, अच्छा बता। उसने जो सलाह दी वह कुछ इस प्रकार थी। हो सकता है आपके भी कुछ काम आ जाये।

तुमने कल का अख़बार पढ़ा? सलमान ने कांग्रेस का हाथ थाम लिया। पर ये हाथ तो एक राष्ट्रीय पार्टी का था। मैं तुझे इससे आगे की बात बताता हूँ जिससे दो फायदे होंगे, एक तो तू लेखक और कवि से सीधा-सीधा बिजनेसमैन हो जायेगा और बिजनैसमैन बनने से आर्थिक तंगी भी दूर हो जायेगी। और यह कलम घिसाई का काम फिर तेरे लिये तेरे जैसे दूसरे लोग करेंगे।

कौतुहूल तो बढ़ ही रहा था तो मैंने कहा, ''यार जल्दी कर अब पहेलियाँ मत बुझा! कह दे जो कुछ कहना है।'' वह बोला, ''मेरी बात मान किसी पार्टी के हाथ की बात तो छोड़, तू सीधा-सीधा राजनीति का हाथ थाम ले। आज सब जगह मंदी का राग छिड़ा हुआ है। कभी लोग तेजी से परेशान थे आज मंदी में मरे जा रहे हैं, तो ऐसे में बस एक ही व्यापार हैं जो केवल फल ही

नहीं रहा बल्कि फूल भी रहा है। राजनीति एक अच्छा व्यापारिक क्षेत्र है साफ़-सुथरा, बस कुछ ही दिन तकलीफ़ रहती है और कभी-कभी तो वह भी नहीं रहती। कुछ लोग तो जब इसमें दिल और दिमाग दोनों लगा देते हैं तो रातों-रात सितारे बन जाते हैं। यह तुम पिछले चन्द महीनों में देख भी चुके हो। मुम्बई में राज ठाकरे, उत्तर प्रदेश में वरूण गाँधी एक ही झटके में सारे हिन्दुस्तान में नामी हो गये।'' वह जरा देर को चुप हुआ और उतनी ही देर में मेरा दिमाग दौड़ने लगा कि क्यों आते ही इसने वे चार पंक्तियाँ कहीं थी कि ''गंगा में डुबकी बेकार/थाम ले राजनीति का हाथ/सारी मुश्किल दूर भगेंगी/धुल जायेंगे सारे पाप।'' इसके दिमाग में पहले से ही मेरे भले के लिये यह कचरा भरा हुआ था।

मैने चाय पिला कर अपने इस दोस्त को विदा किया और तभी से लगातार सोच रहा हूँ कि दम तो है अगले की बात में।

(अप्रैल, 2009)

ताल की मछली

''बोल मेरी मछली कितना पानी'' यह सवाल तो पूछा जायेगा अगले माह, जब तालाब के बाहर किनारे पर खड़ी मछली उस मछली से पूछेगी जो तालाब के अन्दर ही रह जायेगी। आप सोच रहे होंगे कि जो मछली बाहर आ गई, तो जीवित कैसे रहेगी। तो आपका ज्ञानवर्धन कर दें कि ये इस किस्म की मछलियाँ हैं जो ताल में रहें तो भी मस्त और ताल के बाहर रहें तो भी मस्त। इनका मुख्य भोजन है राजनीति और विशेषकर जीत की राजनीति।

अभी चुनावों की घोषणा हो चुकी है। देश के कोने-कोने से अपने-अपने क्षेत्र में योद्धा पहुँच रहे हैं। कार्यकर्ताओं की सेनाएँ तैयार की जा रही हैं।

हथियार–झण्डे, डण्डे, पोस्टर, विज्ञापन, टोपियाँ, शराब की खरीदारी तथा कुछ प्री इलैक्शन के कार्य, कहीं खड़ंजा लगवाना, कहीं हैण्डपंप, तो कहीं कम्बल-धोती बँटवाना और लेटेस्ट टैक्नोलॉजी के तहत् गंगाजल का टैंक मंगवाकर बँटवाना। और जो नेता इतनी बड़ी खोज कर सकता है चुनाव के युद्ध क्षेत्र में उसकी जीत तो निश्चित है। क्योंकि यह तो वह हथकण्डा है जो दिखाई दे गया। इसके अतिरिक्त न जाने कितने हथकण्डे होंगे जो खुली आँखों से दिखाई नहीं देते।

इस सबके साथ-साथ शुरू हो चुका है वाक्‌युद्ध–एक ने कहा कि राहुल गाँधी तो एक्वेरियम की मछली है, तो राहुल की पार्टी ने कहा कि कहने वाले मोदी तो मगरमच्छ हैं, जो आदमी को जिन्दा निगल जाते हैं। ये है बानगी–इलैक्शन के अभियान की, लिखे-पढ़े और पढ़े-लिखों के वार्तालाप की।

इस अभियान में एक बात अच्छी भी हो रही है कि प्रतिदिन समाचार-पत्रों में पूरे-पूरे पृष्ठ के बड़े-बड़े विज्ञापन आ रहे हैं, जिनके द्वारा आपका आँकड़ों का ज्ञान काफ़ी बढ़ जायेगा। विज्ञापन बता रहे हैं कि सरकार ने अपने

कार्यकाल में कितने-कितने बड़े काम किये हैं और जाते-जाते सरकार अपना फर्ज़ समझती है कि वह आपको चेता कर जाये कि जरा ध्यान रखना वोट डालते समय हमने जो प्रगति आपको विज्ञापन के माध्यम से बताई है उसको ध्यान में रखते हुए ही वोट देना।

वोटर भी कम बुद्धिमान नहीं है, वह सोचता है इतनी सारी प्रगति के बाद उसे क्या मिला है। उसी हिसाब से वह गली में आये नेता का स्वागत करता है। सुबह से शाम तक न जाने किस-किस पार्टी के नेता आते हैं, कुछ तो ऐसे हैं, जिनकी शक्ल जानी-पहचानी है। पिछली बार जब वे सांसद चुने गये थे, तब से उन्हें जानता है और बीते पाँच साल में तीन-चार बार उन्हें शहर के कई कार्यक्रमों में देखा है और विशेषकर दीपावली पर। दीपावली पर तीन से चार दिन तक तो वे घर से हिलते भी नहीं है, पता थोड़े ही है कब शहर की कौन-सी आसामी नौकर के हाथों बड़ी सी गिफ्ट उठवाकर नेता जी को दीपावली की शुभकामनाएं देने चला आये।

इन सब बातों पर मनन करता हुआ वोटर, लगातार मंथन कर रहा है कि यार–बहुत दिन हो गये बेवकूफ बनते-बनते अब तो सोच-समझ कर ही वोट डालना है। और फैसला लेना है कि अपना कीमती वोट ताल के भीतर वाली मछली को डालना है या ताल के बाहर वाली मछली को।

(अप्रैल, 2009)

गणित में गड़बड़ : मुद्दा क्वात्रोची

एक किस्सा आप सभी ने सुना होगा—एक राजा था उसकी एक नगरी थी, जिसमें सब चीजें टके सेर बिकती थीं। किन्हीं कारणोंवश किसी को फाँसी देनी थी सो राजा के हुकुम के मुताबिक फाँसी का फंदा तैयार कराया गया और किसी साजिश के तहत् फंदे का नाप नहीं लिया गया। अन्त में तय यह हुआ कि भई जिसे फाँसी लगनी है उसकी बात तो छोड़ो क्योंकि उसकी गर्दन में यह फंदा फिट ही नहीं बैठ रहा तो अब ऐसा करो कि जिसकी गर्दन में यह फिट बैठ जाये उसी को फाँसी दे दी जाये। ऐसा कहा जाता है कि आखिर में वह फंदा राजा की गर्दन में फिट बैठा। आज भी कमोवेश हालात उससे मिलते-जुलते ही हैं। फर्क सिर्फ इतना है कि अब टका सेर कुछ नहीं मिलता।

जहाँ तक हमारी न्याय व्यवस्था का सवाल है, वह चुस्त-दुरुस्त है पर वहाँ पर एक ही कमी है कि न्याय में देर हो जाती हैं और जहाँ देर होती है, वहाँ अंधेरा हो ही जाता है। आप खुद देख लें, यदि ऑफिस से लौटते हुए आपको देर हो जाये तो आपकी चौखट पर अंधेरा पालथी मार कर बैठा हुआ मिलता है।

खैर छोड़ो मुद्दे पर आयें। इटली के निवासी क्वात्रोची करीब 12 साल पहले चर्चा में आये। और चर्चा में आने का कारण यह रहा कि बोफोर्स तोप सौदे में जो लोग थे उन्होंने मिलकर एक घोटाला किया और क्वात्रोची साहब पर सारी तोहमत लगी कि यही वह आदमी है जो इस सौदे में 64 करोड़ रुपये का कमीशन खा गया। खैर मेरी समझ में तो यह बात आज तक यूँ नहीं आई कि जब भी हमने कोई जमीन खरीदी और उसमें जो तय कमीशन की रकम दी गई वह चार से छः व्यक्तियों में बँटी। चलो हो सकता है कि यहाँ क्वात्रोची

के हिस्से में केवल 64 करोड़ ही आये हों।

देश के कानून के मुताबिक इस पर सी.बी.आई. बिठा दी गई। बिल्कुल उसी तरह जैसे हमारे खेतों में मकई की फसल पकने पर मचान बनाकर एक आदमी बिठा दिया जाता है। सो यहाँ भी यह मसला अर्थात् 64 करोड़ के कमीशन का मसला चलता रहा 12 साल तक और फसल भी पकती रही 12 साल तक। और इन 12 सालों में सी.बी.आई. ने खर्च किये लगभग 250 करोड़ रुपये। पता नहीं बात क्यों हज़म नहीं होती?

लगभग 25 वर्ष पहले एक प्रोजेक्ट पर मेरी पोस्टिंग थी। एक हैड क्लर्क की ड्यूटी लगाई कि 50 किलोमीटर दूर स्थित हैडक्वाटर से वह तीन अदद ताले लेकर आये जो स्टोर में लगाने थे। क्लर्क महोदय ने अपनी तीन बार की यात्रा के भत्ते में क्लेम किये 128/- रुपये। ऑडिट ने यह बिन्दु पकड़ लिया। तीन तालों की कीमत 75/- और जो आदमी उन्हें लेकर आया उसने सरकार से चार्ज किये 128/- रुपये।

पता नहीं क्यों यह बात अचानक इस घटना से आ जुड़ी जहाँ 64 करोड़ के घोटाले का पता करने के लिये 250 करोड़ खर्च कर दिये। अब बेचारी सी.बी.आई. क्या करे। वह भी तो तंत्र का हिस्सा है और शासन के अधीन कार्य करती है। सबसे बड़े अफसर की नियुक्ति सरकार की मर्जी से होती है। और शायद यही कारण रहा है कि 1984 के सिख विरोधी दंगों के दोषियों को क्लीन चिट सी.बी.आई. ने उस समय दी जब लोकसभा के नामांकन पत्र भरे जा रहे थे। और इस ताज़ा मामले में भी मियाँ क्वात्रोची के रेड कार्नर नोटिस की अवधि शायद जनवरी, 2009 में समाप्त होनी थी जो सी.बी.आई. ने लगभग नियत तिथि से तीन माह पूर्व ही समाप्त कर दी। अब भाजपा नेताओं को मुद्दा मिल गया। बकौल अरुण जेटली यदि उनकी सरकार आई तो वे सी.बी.आई. की कार्यशैली की जाँच करायेंगे। सी.बी.आई. ने कैसे-कैसे प्रेशर झेले हैं, उसकी जाँच करायेंगे और तब अपने आप ही यह मुद्दा जाँच के घेरे में आ जायेगा कि कैसे 64 करोड़ के घोटाले के लिये 250 करोड़ खर्च किये गये और हाथ लगा केवल एक बड़ा शून्य। और जैसा कि दिखाई दे रहा है कि जब नई सरकार की जाँच निकल कर आयेगी तब तक खर्च हो जायेंगे लगभग सौ करोड़ और।

पता नहीं मैं गणित में कैसे पास होता रहा? अभी यह प्रश्न दिमाग में

घूम रहा है कि 64 करोड़ जमा 250 करोड़ बराबर हुए 314 करोड़। और अब इसमें जुड़ जायेंगे कुछ और करोड़, और फिर देखते हैं क्या होता है मियाँ क्वात्रोची का। यदि सब कुछ ठीक-ठाक रहा तो रुपया तो मिलने से रहा, हाँ एक अहम् को शान्ति अवश्य मिल जायेगी।

(मई, 2009)

कालेधन का गोरापन

कहते हैं कि धन दो प्रकार का होता है—काला और सफेद। पर अपनी सोच तो प्रश्नचिह्न बन कर लटक जाती है कि एक धन काला क्यों और दूसरा सफेद क्यों। मैं तो प्रतिदिन यही देखता हूँ कि यदि काले धन की गठरी में से कुछ खर्च कर दिया जाता है तो वह पूरी गठरी ही सफेद हो जाती है और सफेद धन में से कुछ छुपा कर रख दिया जाये तो वह काला हो जाता है।

दरअसल यह शब्दावली का चक्कर है, जिसमें सुरमा हो उसे पैंसिल कहते हैं और जिसमें काली स्याही हो उसे पैन कहते हैं। आप इसे उल्टा भी कह सकते थे पर ऐसा इसलिए नहीं हो पाया कि हमसे सीनियर आदमियों ने जिस चीज का जैसा भी वर्गीकरण और नामकरण किया हमने उसे उसी रूप में स्वीकार कर लिया, और यही बात धन पर भी लागू हुई। किसी ने धन को काला कहा तो किसी ने सफेद। अरे जरा उस काले धन वाले से तो पूछ कर देखो उसे कितना बुरा लगता है जब उसके मेहनत से जुटाये धन को आप काला कहते हैं। किसी काले बेटे की माँ से कह कर देखो कि उसका बेटा काला है।

यशोदा ने भी कभी अपने कन्हैया को काला नहीं कहा, साँवला ही कहा। यह तो भला हो इन इस्कॉन वालों का कि सुभद्रा और बलभद्र के साथ जो कृष्ण की मूर्ति बनाई, वह इतनी काली बनाई कि उससे और काला कुछ हो ही नहीं सकता था।

ख़ैर भटकने से कोई फायदा नहीं। मेरे पास पचास तर्क हैं जो काले के पक्ष में हैं। अब बात करते हैं उस काले धन की जो आजकल चर्चा में है और यदि सरकार एन.डी.ए. की बनी तो इस पर कमीशन बैठना लाज़मी है। तैयार रहें कुछ अवकाश प्राप्त उच्च और उच्चतम न्यायालय के न्यायाधीश। पता

नहीं कैसे मियाँ हसन अली का एक अदद मामला केवल चालीस हज़ार करोड़ के काले धन का प्रकाश में आया और 2007 में स्विटजरलैंड की सरकार ने भारत सरकार से इस विषय पर कुछ जानकारी माँग ली। अब स्विस सरकार को क्या पता था कि यहाँ सभी दूध के धुले नहीं हैं। भारत सरकार ने और उसके ब्यूरोक्रेटस ने एक बढ़िया सी रिपोर्ट बना कर स्विस सरकार को भेज दी जो फर्जी निकली।

अब जरा सोचिये जो व्यक्ति चालीस हज़ार करोड़ स्विटज़रलैंड के बैंक में जमा कर सकता है तो वह यहाँ भी तो कुछ हज़ार करोड़ रख सकता है और हमारे यहाँ भी तो काला धन, सफेद धन के साथ कदम-बा-कदम चलता है। अपना बराबर का मूल्यांकन कराता है बल्कि तमाम फँसे हुए लोगों को यही तो निकालता है। गवाह खरीदता है, तोड़ता है, सबूतों को नष्ट करता है और न्याय को घुटनों के बल झुका देता है। न्यायालय क्या करे? कानून की पट्टी जो बँधी है। उसे तो सबूत चाहिए, सबूत नहीं तो कुछ भी नहीं। सभी लाँछन झूँठे, मुजरिम बरी और फिर वही राधे-राधे।

एक बात और कि काले धन से क्या संभव नहीं है। आप सफेद हीरे खरीद सकते हैं, ताज़महल की सफेदी को मात देता, किसी अपने के नाम घर खरीद सकते हैं। खाना-पीना, आलीशन होटलों में ठहरना, मतलब सब कुछ में काम आता है यह काला धन। और अगर आतंकियों के हाथ पड़ जाये, पड़ क्या जाये पड़ रहा है तो वे तोप, तमंचा, तीर-तलवार सब कुछ खरीद सकते हैं।

स्विटज़रलैंड के साथ-साथ अपने देश में जो काले-सफेद की समानांतर नदी बहती है उसका क्या? चलिये मान लीजिये कि वह धन काला है, देश के भीतर का भी और बाहर का भी, तो जैसे कुछ वर्ष पूर्व किया था करिये एक महाघोषणा कि भई इतने समय में जिसका भी काले को सफेद करना हो वह आगे आये। हमें इतना टैक्स दे और बाकी को सफेद कर अपने घर ले जाये। वह उसका और उसके बाप का क्योंकि फिर उससे कोई यह नहीं पूछेगा कि भैया यह तो बताओ कि धन का यह अंबार लगा कैसे? अंत्तोगत्त्वा सत्य यह है कि नेता निर्भर करते हैं नौकरशाही पर और नौकरशाही में घुस चुका है वुडवॉर्म (लकड़ी के भीतर एक इतना बारीक कीड़ा जो नंगी आँखों से कभी दिखाई नहीं देता) जो भीतर ही भीतर अधिकांश अधिकारियों की सोच को

खाता रहता है। उसे सही दिशा से मोड़कर गलत राह पर ले आता है और वैसे भी इस देश की परम्परा है कि विहसिल ब्लोअर को ठोक-ठाक कर एक कोने में बिठा दिया जाता है। लेकिन फिर भी नितांत आवश्यकता है ऐसे अनेकों विहसिल ब्लोअरस की जो इस भ्रष्टाचार को जड़ से उखाड़ कर भारत को आम आदमी का भारत बना सकें।

(मई, 2009)

जनता की चाहत

चुनाव नतीजे आने के बाद तस्वीर बड़ी साफ है कि लद गये वे ज़माने जब प्याज महंगी होने पर बादशाहत बदल जाती थी। अब न महंगाई का मुद्‌दा रहा, न छँटनी का, न बिजली पानी का, न मंदिर-मस्ज़िद का, न खिचड़ी सरकार का। सारे बुद्धिजीवियों, लेखकों, समीक्षकों और टी.वी. चैनलों के दावे झूठे साबित हुए। आकलन और अनुमान कोरी बकवास। सब कुछ उल्टा-पुल्टा, हम कह सकते हैं कि जो हुआ बिल्कुल सही हुआ।

आप खुद अंदाज़ लगाइये कि पिछली लोकसभा का कार्यकाल कैसे गुज़रा, कितनी बहसें हुई और उनमें से कितनी सार्थक थीं। कितने बिल पास हुए और उन राजनीतिक दलों का क्या रोल रहा जो सरकार को भीतर और बाहर से सहारा दे रहे थे। बाहर से समर्थन देने वाले बामपंथ ने तो कमाल की भूमिका अदा की। केवल धमकियों के बल पर ही साढ़े चार साल तक सत्ता सुख भोगते रहे और बाद में आम चुनाव से केवल छः माह पूर्व ही सरकार पर यह लाँछन लगाते हुए कि सरकार जन-विरोधी है, सरकार से अलग हो गये। आख़िर अपने काडर और जनता को भी तो मुँह दिखाना था।

लेकिन जनता भी खून का घूँट पिये बैठी थी। वह सारे खेल को भलीभाँति समझ रही थी, सोच रही थी और मन ही मन निश्चय भी ले रही थी और वह निश्चय चुनाव परिणामों के आने के साथ ही खुलासा हुआ। सरकार का या समझिये उस बुद्धिमान प्रधानमंत्री का एक कदम बड़ा सार्थक और बुद्धिमत्ता का रहा, कि जब वामपंथ ने साथ छोड़ा तो एक दूसरी पार्टी का समर्थन लेकर अपना कार्यकाल पूरा किया और अंतर्राष्ट्रीय स्तर पर जो एक बड़ा मुद्‌दा न्यूक्लियर डील का था उसे पूरा करके ही छोड़ा। और साथ ही देश की जनता को एक संदेश यह भी दिया कि न चाहते हुए भी हमें किसी

का समर्थन इसलिए लेना पड़ रहा है क्योंकि अंतर्राष्ट्रीय स्तर पर देश के हित में की जाने वाली डील हमें पूरी करनी है।

चुनाव आया तो मुद्दे भी आये। तमाम मुद्दों में यदि झाँक कर देखा जाये तो वे मुद्दे ही नहीं थे। किसी ने कहा हम मंदिर वहीं बनायेंगे, जहाँ जनता चाहती है और यह भी कि बनायेंगे जरूर लेकिन सब भाईयों से राय-मशवरे के बाद या कानून के फैसले के बाद।

क्षेत्रीय पार्टियों ने क्षेत्र के मुद्दे उठाये। किसी ने कहाँ कि राज्य में कानून व्यवस्था नाम की कोई चीज नहीं है, हम सत्ता में आते ही उसे ठीक कर देंगे। किसी ने कहाँ हम तुम्हें भरपूर पानी देंगे, भले ही आज टैंकर से गंगाजल पिला रहे हैं। किसी ने कहाँ चावल दो रुपये किलो देंगे। जैसे मुफ्त की जमीन पर घर में उगा रहे हैं। पर जो सीधा-सीधा मुद्दा जनता के दिमाग से टकराया वह था विकास का मुद्दा जो कहीं न कहीं गरीबी से भी जुड़ा था एक बदले हुए रंग रूप में।

एक अन्य कारण कांग्रेस की विजय का यह रहा कि उसने देश के नये-नये जवान हुए तबके को यह विचार दिया कि तुम देश के भविष्य हो और यह बात उस तक पहुँचाई उन्हीं के उमर के दो युवाओं प्रियंका वाड्रा और राहुल गांधी ने।

आज का नौजवान अब अपने देश में धर्म और जाति से थोड़ा हटकर भी सोचने लगा है। जब भी किसी मज़हब का ठेकेदार उनके सामने धर्म या जाति की बात करता है तो श्रोता कहता कुछ नहीं, कोई टिप्पणी नहीं, बस सोचता भर है कि बस करो अब और नहीं। यह नहीं कि हम धर्म में आस्था नहीं रखते, लेकिन उस आस्था के साथ-साथ चाहते हैं–विकास, रोजगार, रोटी, गरीबी का उन्मूलन।

यह चुनौती है उन सभी 543 सांसदों को उन सभी बाहुबलियों को जो हमेशा गुण्डई के बल परर चुनाव जीतते थे और झूठमूठ के राबिनहुड बने हुए थे। यदि उनमें से एक भी राबिनहुड होता तो शायद वह भी 543 की जमात में शामिल हो जाता।

(जून, 2009)

सब ठीक ठाक रहा तो तरक्की निश्चित है

जी हाँ मैं नई सरकार के गठन से उम्मीद कर रहा हूँ। मैं आपकी तरक्की की बात नहीं कर रहा, क्योंकि आपकी तरक्की तो पहले ही अच्छी-खासी हो चुकी है। सारे के सारे कमीशन, पे-कमीशन आपके लिये ही गठित किये जाते हैं। सारी निगरानी कमेटियाँ आपके लिये ही बनती है और सांसदों विधायकों की तो बात ही कुछ और है। वे अपनी बढ़ोतरी का फैसला स्वयं ही कर लेते हैं। मैं तो बात कर रहा हूँ उन लोगों की जो आर्थिक तंगी से इतने तंग आ जाते हैं कि परिवार समेत आत्महत्या कर लेते हैं। चाहे वे उड़ीसा के किसान हों या खेतिहर मज़दूर विदर्भ के हों या छत्तीसगढ़ के या बुंदेलखंड के हों या सहसराम, दरभंगा के हों या फिर देश की या प्रदेश की राजधानी के। एक छोर पर झुग्गियों में रह रहे लोग हों या स्लम टाइप के टीन की छतों वाले मकानों में रह रहे भिखारी नुमा सफेद कालर हों।

मैं ऐसी बात इसलिए कर रहा हूँ कि मेरे मन में एक उम्मीद जगी है। एक लम्बे अरसे के बाद किसी एक पार्टी की सरकार बनी है। यह अलग बात है कि उसे सम्पूर्ण बहुमत नहीं मिला, फिर भी सत्ता का प्रभुत्व मिला। भले ही संख्या बल के लिये कुछ दूसरे दलों को साथ ले लिया हो, लेकिन अब चलेगी उसी की। यदि क्षेत्रीय दलों ने चूँ चप्पड़ की तो दूसरे मूँह पैनाये तैयार बैठे हैं। आपने देखा ही होगा कि किस प्रकार ''समर्थन'' को टोकरी में सजाकर आवाज़ लगा रहे थे, बल्कि निहोरे कर रहे थे कि जी ले लो बिना किसी शर्त के ले लो पर ले जरूर लो हमारा समर्थन। पता नहीं किस मौके पर काम आ जाये। और कुछ नहीं तो आने वाली बलाओं से तो बचा ही लेगा हमें हमारा दिया हुआ समर्थन।

शायद अब अंत्योदय की बात केवल कागजों में या गाल बजाने तक ही सीमित नहीं रह पायेगी। अब उम्मीद जगी है कि मनमोहन सरकार कुछ ऐसे जलवे जरूर दिखायेगी कि गरीबी रेखा के नीचे सबसे निचली पंक्ति में बैठे लोगों के चेहरों पर शायद मुस्कान लौट आये और देश के किसी भी कोने से यह समाचार न मिलें कि फलाँ राज्य के फलाँ जिले के दूरस्थ गाँव में किसी आदमी ने रोटी के लिये अपनी औलाद बेच दी या रोटी की जगह सल्फ़ास खा ली।

देश के किसी प्रदेश में अनाचार, दुराचार, भ्रष्टाचार, अत्याचार, व्यभिचार, चोरी, डकैती, कत्ल, दुष्कर्म और अफ़सरशाही, पुलिस की मनमानी—ये सब किसी प्रदेश का निजी और अन्दरूनी मामला है। ऐसे वक्तव्य कई बार सुनने और पढ़ने को मिले हैं, केन्द्र में बैठे उन नेताओं से जो प्रदेश के नहीं सारे देश के नेता कहलाते हैं। तो क्या यह मानकर चलें कि वह संसद जो तमाम देश के कोने-कोने से चुने गये सांसदों से बनती है वह केवल बराये नाम होती है? क्या उसका काम केवल फौज संभालना और टैक्स लगाकर धन के अंबार लगाने तक ही सीमित रह जाता है? प्रश्न उठता है कि फिर उस आदमी के वोट का क्या मूल्य है जो उसने संसद के लिये चुने जाने वाले सांसद को दिया था। जो सांसद देश की सुरक्षा (आंतरिक तथा बाह्य) के लिये पॉलिसी बनाने में एक अहम् हिस्सेदार होता है।

देश के किसी भी प्रदेश में जब अराजकता पनपती है तो पनपती चली जाती है। केन्द्र में बैठी सरकार केवल उस प्रदेश की विधान सभा में हो रही उठा-पटक को करीब से देखती रहती है और जब यह देखती है कि प्रदेश में चल रही सरकार विपक्षी पार्टी की है तो बड़ी मुश्किल से वहाँ राज्यपाल शासन का आदेश पारित कर अपने कर्तव्य की इतिश्री कर लेती है। और उस समय की फिराक में लग जाती है कि उचित समय पर वहाँ फिर से चुनाव कराये और और उम्मीद करती है कि किसी प्रकार केन्द्र शासित वाली पार्टी की सरकार वहाँ स्थापित हो जाये।

हम बरसों से यही उठा-पटक देख रहे हैं। केन्द्र में चाहे यू.पी.ए. हो अथवा एन.डी.ए.। मुद्दे और उद्देश्य लगभग एक जैसे ही रहते हैं। और वह आम आदमी जिसके कंधों पर पाँव रख कर चुने हुए प्रतिनिधि देश की राजधानी में पहुँचते हैं, वह आदमी उसी जगह भौचक ठगा सा रह जाता है,

बिल्कुल खाली हाथ। वह यह सोचने को मजबूर हो जाता है कि राजा कोई भी हो, हमें तो दुखी प्रजा ही रहना है।

इस बार केन्द्र में आने वाली सबसे बड़ी पार्टी कांग्रेस और उसके द्वारा गठित केन्द्र की सरकार से यह आम आदमी बड़ी आस लगाये बैठा है। और यदि आने वाले समय में उस आम आदमी के लिए कुछ भी नहीं किया गया तो वह बुद्धिमान आम आदमी कौन सा रास्ता तलाशेगा। यह तो केवल ईश्वर ही जानता है।

हम तो यही कहेंगे कि प्रधानमंत्री द्वारा 100 दिन के अल्टीमेटम के परिणाम सुखद रहें और कुछ ऐसे परिणाम प्रत्यक्ष रूप से देखने को मिलें जिससे लगे कि हाँ वाकई बहुत दिनों के बाद कोई सुशासन स्थापित हुआ है।

(जून, 2009)

यह दब्बूपन ठीक नहीं

न्यूकलियर डील को छोड़कर यदि पिछले कई माह की ख़बरों पर ग़ौर किया जाये तो आप देखेंगे कि अमेरिका का भारत के प्रति बेहद चालाकीपूर्ण और धूर्ततापूर्ण रवैया है। उसकी नीतियों और बयानों से उसकी आंतरिक मंशा झलकती है कि पाकिस्तान की भारत पर आतंकी हमलों की बदमाशी लगतार इसी तरह चलती रहे और लश्करे तइबा तथा अन्य इसी तरह के तमाम आतंकी गुट भारत में जगह-जगह हमले कर हज़ारों लोगों की जान के साथ-साथ करोड़ों-अरबों रुपये की सम्पत्ति का जो नुकसान करते रहे हैं, करते रहें। उसने कभी भी जोर देकर पाकिस्तान से दो टूक शब्दों में नहीं कहा कि वह अपनी धरती से भारत के खिलाफ़ आतंकी हमले बन्द करे।

एक दिन बराक ओबामा का बयान आता है कि भारत के साथ हमारी दोस्ती और मजबूत होगी और हम इस दोस्ती की कदर करते हैं। दूसरे दिन बयान आता है कि पाकिस्तान को दी जाने वाली अमेरिकी मदद बदस्तूर जारी रहेगी, इसकी समीक्षा भी होती रहेगी और दो गुना या तीन गुना कर दी जायेगी। साथ ही निगरानी रहेगी कि यह मदद केवल तालिबानों के विरुद्ध कार्यवाही में प्रयोग हो अन्य किसी मद में नहीं। किसी भी देश की सरकार जब किसी को खैरात, दान या तनख्वा देती है तो यह लेने वाले पर निर्भर करता है कि वह उस पैसे का जो उसे मदद के रूप में मिला है कैसे प्रयोग करे। यह तो अपने देश में भी देखा जा सकता है, आजादी के बाद आप खुद भी देखते रहे हैं। बकौल स्व. राजीव गांधी के विकास पर खर्च किया गया एक रुपया पहुँचते-पहुँचते केवल बीस पैसे रह जाता है। और कमोवेश यह स्थिति आज भी जारी है। कौन कर पाता है निगरानी और समीक्षा सब कुछ कागजी कार्यवाही में सिमट कर ही रह जाता है। अपने देश की ओर न भटकते

हुए हम उसी अमेरिका की बात करते हैं जो यह झूठा दम भरता रहता है कि भारत हमारा दोस्त है, हम उसकी भावनाओं की बड़ी कदर करते हैं।

अब आज की ही बात लें तो ख़बर छपी है कि अमेरिका ने पाकिस्तान को असैन्य क्षेत्र को दी जाने वाली मदद पहले से तीन गुनी कर दी है बल्कि सीनेट ने उसे पास भी कर दिया है। कुछ रिपब्लिकनों ने उसका विरोध भी किया लेकिन वह बिल पास हो गया और अब दोनों सदनों में संयुक्त रूप से राष्ट्रपति बराक ओबामा के सामने स्वीकृति के लिये रखा जायेगा जो निश्चित रूप से पास होगा।

इस बिल को पास करते समय वहाँ की सदन ने उस रिपोर्ट को बिल्कुल ही नज़रअंदाज कर दिया जिसमें उसी की एक समिति ने यह सिफारिश की थी कि कोई भी मदद देने से पहले यह आश्वासन पाकिस्तान से लेना होगा कि किसी भी रूप में यह मदद आतंकी गुटों के हाथ नहीं लगने दी जायेगी। ऐसी सही सच्ची ख़बरें छपने के बाद भी अपनी सरकार जोरदार विरोध, बिल्कुल दो टूक शब्दों में क्यों नहीं करती कि मिस्टर बराक ओबामा आप ऐसा क्यों कर रहे हैं। आपके पास क्या गारण्टी है कि यह पैसा आर.डी.एक्स. और उन हथियारों पर खर्च नहीं होगा जिनसे अक्सर भारत के महानगरों पर हमले होते रहते हैं। जहाँ हज़ारों बेकसूर आदमी, बच्चे और औरतें अपनी जान गँवा देते हैं और हज़ारों ज़िन्दगी भर के लिये अपंग होकर अपनी ज़िन्दगी घसीटते हैं। पता नहीं किस डर से दब्बूपन का ऐसा रवैया अपनाया जाता है कि विरोध का स्वर अमेरिका तक पहुँचता ही नहीं और जब अमेरिका को जरा सी भी सूँग लगती है कि हमारी इस बात से भारत खुश नहीं है तो वह अपना कोई एक प्रतिनिधि भारत भेज देता है। हमारी सरकार सब कुछ भूलकर उसकी आवभगत में लग जाती है और पिछला गुस्सा जो हमने समेट कर इसलिये रखा हुआ था कि हम यह अमेरिका के सामने प्रदर्शित करेंगे, हवा में छूमंतर हो जाता है।

हमारी अपनी राय है कि इस दब्बूपन से बाहर निकलकर बड़े कड़े शब्दों में अमेरिका से कहना चाहिए कि इस तरह का धूर्ततापूर्ण व्यवहार हमें पसंद नहीं। इस तरह की चालाकी या दोस्ती में पॉलिटिक्स हमें बिल्कुल भी पसन्द नहीं।

(जुलाई, 2009)

तरक्की का बजट या बजट की तरक्की

जब भी कोई बड़ी राजनीतिक घोषणा, योजना या घटना दुर्घटना इस तरह से घटित होती है जिसकी लहर देश के एक कोने से दूसरे कोने तक जाती है तो मैं अपनी बुरी आदत से परेशान सड़क पर निकल कर उस आम आदमी का जायज़ा लेता हूँ जो इन बातों से और इनके परिणामों से सबसे ज्यादा प्रभावित होता है।

इस बार भी ऐसा ही हुआ। बजटीय घोषणाएँ और योजनाएँ देख सुनकर मैं भी बाज़ार की ओर चल पड़ा।

ख़ादी की सफ़ारी में मैं एक रिक्शे वाले से घंटाघर तक जाने के लिये किराये की सौदेबाजी करने लगा। उसकी 15/- रुपये की मांग को मैं घटा कर 12/- रुपये पर ले आया। रिक्शे में बैठकर मैं सोचने लगा चलो तीन रुपये तो बचाये। रिक्शेवाला लड़का भी खुश था कि चलो दो रुपये तो बेशी कमाये।

चुप्पी तोड़ते हुए मैंने पूछा, ''कहाँ के रहने वाले हो''? बिहार का एक गाँव सहरसा, जहाँ हर साल हमारे घरों के छप्पर पानी में तैरते हैं और हम लोग भाग-भाग कर अपनी जान बचाते हैं। कई साल पहले की बात हैं जब मैं छटी क्लास में था तो ऐसी ही एक बाढ़ में पिताजी और मेरी बहन डूब गये थे। और बचे थे केवल दो प्राणी मैं और माँ।''

वह सुना रहा था और मैं उसकी सत्य कथा में पूरी तरह डूबता जा रहा था। मैंने उसे कुरेदा, फिर क्या हुआ। उसे छोड़िये बाबूजी! आप यह बताइये कि क्या आप मुझे कोई नौकरी दिला सकते हो। मैं बारहवीं फेल हूँ और इस शहर में अभी दस दिन हुए हैं, रिक्शे का मालिक भी हमारे ही गाँव का है। उसने मेहरबानी की और किराये पर यह रिक्शा दे दिया।''

इसकी कथा में उलझा तो बाकी सारे काम छूट जायेंगे। सोचकर मैंने विषय बदलते हुए उससे कहा, ''देखो सरकार सब के लिये कुछ न कुछ कर

रही है। अब जो बजट आया है, वह भी कहता है कि गरीबी दूर होगी। हर आदमी को एक साल में सौ दिन का रोजगार अवश्य मिलेगा।'' मेरी बात अभी पूरी भी नहीं हुई थी कि वह बीच में ही टोक बैठा, ''और बाकी 265 दिन वह उपवास रखेगा। बाबूजी मजाक तो बराबर वाले से की जाती है।'' उसकी बात का मेरे पास कोई जवाब नहीं था। अब घण्टाघर आ चुका था। इस अधूरी बात को पूर्णविराम देते हुए मैंने उसे 15/- रुपये दिये और फुर्ती से उतर कर चलने लगा तो उसने आवाज लगाई, बाबू साब! अपने तीन रुपये लेकर जाओ, महँगाई है काम आयेंगे।''

यह था पहला आम आदमी जिससे बजट के दूसरे दिन पहली मुलाकात हुई उसके बाद मेरा दिमाग सिनेमा की रील की तरह घूमने लगा। ये ठेलीवाले, गन्ने का रस पिलाने वाले, कटे तरबूज से मक्खियाँ उड़ा-उड़ा कर बेचने वाले, जगह-जगह सड़क पर अपने-अपने थड़े पर विराजमान, सब्जी से लेकर घर की तमाम जरूरतों को पूरा करने वाले तमाम लोगों की इतनी बड़ी भीड़—क्या ये सब आम आदमी हैं? फिर दिमाग घूमा—माली, मोची, लुहार, बढ़ई, बिजली मिस्त्री, राजमिस्त्री, लाखों की संख्या में ईंट-रोड़ी ढोते लोग, पत्थर तोड़ते लोग, सड़क, पुल, नहर, रेलमार्ग बनाते लोग क्या ये सब आम आदमी हैं और अगर हैं तो इस बजट में इन तमाम लोगों के लिये क्या है और क्या है इस बजट में उन तमाम किसानों के लिये जो पानी के बिना दम तोड़ देते हैं। पानी की मारा-मारी के चलते एक-दूसरे का गला काट देते हैं और दूर-दराज के इलाकों में जहा उनकी सारी साल की मेहनत पर कुदरत पानी फेर देती है। आत्महत्या करने वाले लोगों के लिये क्या है इस बजट में। क्या यह बजट दिला पायेगा छुटकारा इन तमाम बीमारियों से जिनसे ग्रसित है यह आम आदमी।

और क्या है उन 25 करोड़ भूखे लोगों के लिये जो दुनिया के सौ करोड़ भूखे लोगों का हिस्सा हैं जो हमारे देश के बाशिन्दे हैं। आख़िर क्या हैं इस बजट में इन तमाम आम लोगों के लिये।

माना कि सरकार बहुत कुछ कर रही है। लेकिन क्या यह बहुत कुछ इतना कुछ होगा कि इन तमाम लोगों को लगे कि हाँ कुछ हुआ।

(जुलाई, 2009)

जीते जी मरूँ या मर-मर कर जिऊँ

आये दिन देश के मुख्य समाचार-पत्रों के मुखपृष्ठ पर ख़बर छपती है, ''आतंकी हमले का खतरा'' फिर उसे हम बड़े गौर से पढ़ते हैं कि यह तो केवल तीन स्थानों के लिये लिखा है–''महाराष्ट्र, गुजरात और गोवा।'' चलो हम दिल्ली वाले तो बचे, सोचकर एक लम्बी साँस लेता हूँ।

पहले तो यह सुनिश्चित कैसे हुआ कि जो सूचना हमारे खुफिया तंत्र को मिली है उसके अनुसार यही तीन स्थान हैं। जहाँ आतंकी हमले का खतरा है, शेष भारत पूर्ण रूप से सुरक्षित है। पता नहीं क्यों मुझे तो यह खबर मौसम विभाग की खबर से मिलती-जुलती लगती है, क्या पता आतंकियों ने जान-बूझकर इन तीन स्थानों की सूचना जारी की हो या हमारे खुफिया तंत्र को इसकी भनक लगी हो। यह भी तो हो सकता है कि वे आतंकी खतरे के बादल किसी और शहर पर बरसें।

खतरा-खतरा है। वह चाहे गोवा के लिये हो, मुम्बई या दिल्ली के लिये। हमें तो केवल इतना पता है कि उसकी लहर कश्मीर से कन्याकुमारी तक फैली हुई है।

कभी-कभी अकेले में बैठे-बैठे यह विचार आता है कि मैं किसी गंगा स्नान पर, किसी त्यौहार पर, किसी मन्दिर में हूँ और एक बड़े जोर का धमाका होता है और पलक झपकते ही बारूदी गंध का धुँआ, खून, लाशें मानव अंगों के चीथड़े, घायलों की चीखें मुझे घेरे हुए हैं। फिर दृश्य बदलता है, सायरन बजातीं पुलिस की गाड़ियाँ, एम्बुलैंस, लाल बत्तियों की कतारें, फायरब्रिगेड की दमकलें, हादसे की जगह को घेर लेती है। आनन-फानन में उस स्थान को साफ किया जाता है। कचरे को ठिकाने लगाया जाता है। ज़िन्दा-ज़िन्दा एक तरफ और मुर्दा-मुर्दा एक तरफ किये जाते हैं।

फिर दूसरा दौर शुरू होता है। देश के कर्णधारों के अस्पतालों के चक्कर, मुआवज़ों की घोषणा और फिर दूरदर्शन पर जोरदार शब्दों में कहा जाता है– ''यह हम कतई बर्दाश्त नहीं करेंगे, दहशतगर्दी को बख़्शा नहीं जायेगा। समुचित कार्यवाही की जायेगी और सम्बंधित देश से जवाब तलबी की जायेगी, ''एण्ड दैट्स ऑल''। वही पहले जैसा मौसम। पीड़ित शहर की जनता कितनी बहादुर है, फिर उसी तरह की भीड़। रेलवे स्टेशन पर, बस अड्डों पर, बाजारों में सब जगह वही रौनक।

लेकिन मेरे देश के कर्णधारो इस रौनक के भीतर का रुदन देखो। आखिर इस आम आदमी के पास सिवाय इस मजबूर रौनक के और क्या है। यदि आदमी इस भीड़ का हिस्सा नहीं बनेगा, शहर की रौनक नहीं बढ़ायेगा, तो भूखा मर जायेगा।

यह भुक्त भोगी आम आदमी हिम्मती नहीं है बल्कि बेहद डरा हुआ है, मजबूर है। भीड़ का हिस्सा बनना इसकी मजबूरी है क्योंकि यह अपना एक सूत्री कार्यक्रम नहीं छोड़ सकता और वह है बचे हुए सदस्यों के लिये रोटी का जुगाड़ करना।

आज स्थिति यह हो गई है कि आदमी पशोपेश में है, वह जीते जी मरे या मरमर कर जिंदा रहे।

सरकार ने बहुत कुछ किया है–सी.आर.पी.एफ. बार्डर सिक्यूरिटी फोर्स, अर्ध सैनिक बल, पैरा मिलिट्री, फोर्स और पुलिस वह भी कई प्रकार की। फिर सी.आई.डी., सी.बी.आई. इतने तंत्र के बाद भी पता नहीं क्यों यह डर मन से नहीं निकल पाता कि हो सकता है हम भी किसी दिन, किसी स्थान पर उस हादसे का शिकार न हों जाएँ जो अभी हमारी जन्मकुण्डली के किसी घर में कुण्डली मारकर चुपचाप बैठा हुआ है।

(जुलाई, 2009)

अच्छे अच्छों से होती हैं गलतियाँ

राजनीतिक पटल पर जो आजकल एक बड़ा सा काला बादल छाया हुआ है वह है मुद्दाये शर्म अल शेख। इस मुद्दे की चर्चा जनता के बुद्धिजीवी वर्ग तक भी पहुँची है और कभी-कभी थोड़ा पढ़ा-लिखा, अपने काम से काम रखने वाला तबका भी इसमें उलझा हुआ मिला है। आमजन में जैसे किसान, मजदूर, कारखानों में मशीनों से उलझते लोग, कहीं अति वर्षा से अपने परिवार को बचाते तो कहीं सूखे की चपेट से सूखते लोागों में इसकी कहीं दूर-दूर तक भी चर्चा नहीं है। वहीं विपक्ष में बैठे बड़े-बड़े धुरन्धर जिन्होंने हम पर पूरे पाँच साल हुकूमत की है बड़े हलकान हैं।

जिस समय हमारे प्रधानमंत्री श्री मनमोहन सिंह पाकिस्तान के प्रधानमंत्री से हाथ मिला रहे थे, उसी समय से हमारे इन नेताओं की त्योरियां चढ़ी हुई हैं। काफी अच्छा अध्ययन कर ये सभी लोग अपनी मुड़ी हुई आस्तीनों में अनेकों प्रश्न लपेटे हुए 29/07/2009 को संसद पहुँचे।

आज के ही दिन प्रधानमंत्री ने उस लाख टके के सवाल का जवाब देना था जो शर्म अल-शेख से लेकर नई दिल्ली संसद भवन तक उनके साथ-साथ यात्रा कर रहा था।

सत्र शुरू हुआ और फट पड़ा विपक्ष का बादल। किसी ने कहा इससे बड़ी शर्म की बात और क्या हो सकती है कि प्रधानमंत्री जी ने आतंकवाद के अहम मुद्दे को तो ताक पर रख दिया और दूसरे-दूसरे मुद्दों को अपने अघोषित एजेंडे में ले लिया। इस सही प्रश्न का उत्तर वास्तव में किसी के पास नहीं है कि आतंकवाद जिसने आज भारत के हर नागरिक के मन में अपने और अपने परिवार की सुरक्षा को लेकर भय पैदा किया हुआ है, हर वक्त एक सवालिया क्रॉस उसके गले में लटका रहता है कि पता नहीं वह सुबह घर से

निकला हुआ शाम को सही सलामत घर पहुँचेगा भी या नहीं। उस अहम् मुद्दे को छुआ तक नहीं गया और साथ ही यह कह देना कि पाकिस्तान भी आतंकवाद की उसी समस्या से जूझ रहा है जिससे हिन्दुस्तान और उसके साथ ही बलूचिस्तान के मुद्दे को जोड़ देना आग में घी का काम कर गया।

दरअसल इस हंगामें के पीछे एक और भी कारण है कि इस बार जब कांग्रेस एक बड़े बहुमत के साथ सत्ता में आई तो विपक्ष में कुछ हताशा छा गई। और आप सभी जानते हैं कि इस देश में सुर्खियों में बने रहने के लिए मुद्दे चाहियें और ऐसे मुद्दे जो सच्चाई के बहुत निकट हों।

कहते हैं कि डूबते को तिनके का सहारा। हालाँकि यह मुहावरा जड़ से ही गलत लगता है। भला आप ही बताइये डूबता हुआ आदमी तैरते हुये एक तिनके के सहारे कैसे पानी से बाहर आ सकता है। लेकिन फिर भी सहारा तो सहारा ही है विपक्ष अपनी जगह सही है और सरकार अपनी जगह सही है। जिसका मानना है कि उसने पाकिस्तान से जुड़े मामलों में जितनी सफलता पाई है उसे एन.डी.ए नहीं पा सका था।

हम तो यही कहेंगे कि इस हो हल्ले को छोड़ कर केवल इतना भर कहा जाये कि आदरणीय प्रधानमंत्री जी अब आप जब भी उस देश से वार्ता करें तो सबसे अहम् मुद्दे आतंकवाद को ही एजेंडे की प्रथम पंक्ति में रखें।

गलतियाँ किससे नहीं होतीं, उनसे भी तो हुई हैं जो आज सदन को अपने विरोध से गुँजा रहे हैं और पानी पी-पी कर बार-बार इस मुद्दे को उठा-उठा कर पटक रहे हैं। और कह रहे हैं कि शर्म अल शेख से छाई शर्म को सात समुन्दर का पानी भी नहीं धो पाएगा।

(अगस्त, 2009)

सब कुछ करती है सरकार

देश में सूखा हो, गीला हो, हर समय तैयार रहती है सरकार। हर स्थिति से निपटने के लिये। अब यह बात अलग है कि वह कितना निपट पाती है या निपटने का नाटक करती है। बिल्कुल वैसे ही, जैसे भारत सरकार के एक मंत्री लगभग एक साल पहले किसी भी विस्फोट के बाद वस्त्र बदल-बदल कर भाग-भाग कर अस्पतालों में जा-जा कर घायलों के साथ सहानुभूति का नाटक किया करते थे और उनकी यह नाटकबाजी उन्हीं की सरकार के मुख्याओं को नागवार गुज़री थी। खैर छोड़ो वह तो पुरानी बात हुई पर कमोवेश आज भी कुछ-कुछ ऐसा ही नाटक चल रहा है। और यह नाटक है आँकड़ेबाजी का।

आँकड़े छपते हैं कि हमारे गोदामों में अभी इतना गेहूँ, इतना चावल है कि देश में कोई भी आदमी भूखा नहीं मर सकता। लेकिन होता बिल्कुल इससे उल्टा है। अभी-अभी बुन्देलखण्ड में ही कई मौतें भूख से ही हुईं। यह अलग बात है कि यह कलंक कहीं सरकार के दामन पर न लगे, सो जल्दी से सरकारी अमला यह घोषणा कर देता है कि ये मौतें भूख से नहीं बल्कि पेट में दर्द होने से या बुखार के कारण हुई हैं। वैसे तो वे सरकारी लोग जानते हैं कि वह पेट का दर्द भी रोटी न मिलने के कारण ही हुआ था।

आँकड़ों के कुछ और खेल देखिये—कुछ दिन पहले घोषणा हुई कि इस वर्ष जी.डी.पी. 6.6 प्रतिशत रहेगी, लेकिन जब वर्षा नहीं हुई तो तुरन्त प्रतिक्रिया आई कि अब यह 5.8 प्रतिशत ही रह जायेगी। लेकिन आप घबरायें नहीं यह कमी अधिक दालें उगा कर, अधिक ज्वार-बाजरा बोकर पूरी कर ली जायेगी। बिल्कुल उसी तरह जिस तरह रिजर्व बैंक रैपो दर घटा बढ़ा कर वित्तीय घाटा पूरा कर लेता है।

बड़ी ईमानदारी से एक बात कहूँगा कि यह आँकड़ेबाजी का खेल सैंसैक्स, जी.डी.पी., इकौनामी आदि शब्दों से चलता रहता है और वह आदमी जिसे इस सबसे कुछ लेना-देना नहीं है, उम्मीद में ही दम तोड़ देता है। वह सोचता है जब इतना अनाज गोदामों में है तो कोई भूखा क्यों मरेगा। लेकिन ऐसा होता नहीं। गोदाम ज्यों के त्यों भरे रहते हैं और लोग भूख-भूख चिल्लाते रहते हैं। नेता लोग जायज़ा लेते हैं। दिन निकलता है और देखते-देखते ढल जाता है, हो हल्ला होता है कुछ लोग चिल्ला-चिल्ला कर खुद-ब-खुद चुप हो जाते हैं। इन्हीं में से कुछ थैला उठाये उस मंदी की तलाश में बाज़ार में घूमते रहते हैं, जिसे बताते-बताते सरकार थक चुकी है कि मंदी है मंदी है, पर कहाँ है यह मंदी यह कोई नहीं बता पाता।

उस दिन मैं आलू खरीद रहा था, एक रिटायर्ड सज्जन आम का भाव पूछ रहे थे–80/- रुपये और 100/- रुपये किलो। बूढ़े सज्जन दुकानदार से बहस कर रहे थे, दुकानदार ने झल्ला कर कहा, ‘‘बाबूजी दिमाग मत खराब करो, अब महँगाई है और थमने का नाम नहीं ले रही तो इसमें हम क्या कर सकते हैं।’’

वे सज्जन परेशान होकर सोचते रहे आख़िर माजरा क्या है। सरकार कहती है मंदी-मंदी और मण्डी कहती है महँगाई-महँगाई। जरूर कहीं-न-कहीं तो घालमेल हैं जो उनकी समझ से बाहर है। वे विचारों में डूबे हुए घर की ओर चल पड़ते हैं। अब सरकार ही कुछ करेगी, क्योंकि सरकार ही कुछ कर सकती है। जी.डी.पी. घटा बढ़ा सकती है, बिजली की समस्या दूर कर सकती है, सब्जियों और दालों के भाव कंट्रोल कर सकती है। यदि कुछ कर सकती है तो केवल सरकार। आम आदमी तो बस मूकदर्शक है। इंतज़ार में है शायद कोई आशा की किरण कभी उसकी भी बालकौनी में आये।

(अगस्त, 2009)

भीरूता बनाम वीरता

अब तो यह आये दिन का किस्सा हो गया कि जब कोई भारतीय (वी.आई.पी. या नान वी.आई.पी.) अमेरिका जाये तो अपमानित होकर लौटे। वहाँ के देश और देशवासियों के प्रति ढेर सारी घृणा मन में समेट कर लाये और ता-जिन्दगी उस अपमान के दंश झेलता रहे जो उसे उस देश ने सुरक्षा के नाम पर दिये हैं। कपड़े भी और जूते भी उतार-उतार कर सूँघ-सूँघ कर अमरीकी सुरक्षा एजेंसियाँ यह सुनिश्चित करती हैं कि हमारे यहाँ आने वाला यह भारतीय चाहे भले ही पूर्व राष्ट्रपति ही क्यों न हो, कहीं आतंकी तो नहीं।

न जाने क्यों हमने अमरीकियों को या अंग्रेजों को अपने से अधिक सभ्य मान लिया है। जब भी कोई व्यक्ति उस देश का हमारे देश में आता है, उसे देखते ही एक भावना मन में आती है कि अरे यह तो अंग्रेज है, इन्हें आते हैं मैनर्स, एटीकेट, रहना-सहना आदि-आदि।

मैंने कुछ पर्यटकों को नजदीक से देखा है। आप यदि उनके पास बैठ जायें तो दुर्गन्ध से आपका दिमाग फटने लगेगा, कई-कई दिन तक न नहाना और उसी टी-शर्ट और जींस को लादे रखना तो उनकी शान में शामिल है। अब चूँकि हम उन्हें छुरी-काँटे से खाते हुए देखते हैं तो सोचते हैं कि वाकई ये सभ्य लोग हैं। क्योंकि अधिकांश देशवासियों को यहाँ तक कि हमारे कर्णधारों को भी यह याद नहीं रहता कि काँटा कौन से हाथ से पकड़ा जायेगा। ऐसे देश के लोगों के प्रति हमारे मन में एक हीनभाव बने रहना हमारे भीतर एक छोटेपन को जन्म देता है। यह तो है जनमानस का हाल। अब देखें जरा राजनीतिक पटल पर।

ऐसा नहीं कि पूर्व राष्ट्रपति श्री कलाम और शाहरुख ख़ान का अपमान दो ही उदाहरण हमारे पास हैं। जो बताते हैं कि अमरीकियों को यह भी तमीज़

नहीं है कि एक सभ्य और सांस्कृतिक देश भारत और एक आतंकी देश पाकिस्तान में क्या अन्तर है। सबको घसीट कर और एक ही पाले में शामिल कर यह जामा तलाशी का खेल वे लगातार खेल रहे हैं।

कलाम साहब का तो स्वभाव ही पूर्ण गांधीवादी है, वे अपने अपमान को पी गये। और शाहरुख खान के लिये सांसद राजीव शुक्ला खेवनहार बन गये। बाकी लोगों का जो अपमान होता है उसका हिसाब?

एक तरफ तो हम बड़े वीर हैं। 700 किलोमीटर तक की मिसाइल रखते हैं–अंतरिक्ष में अपने यान छोड़ रहे हैं, सामरिक दृष्टि से दुनिया के किसी भी देश का मुकाबला कर सकते हैं, पर पाकिस्तान हो या चीन या अमेरिका इनसे हाथ मिलाते हुए हमारे राजनायकों की हथेलियाँ पसीने से तर हो जाती हैं। ये देश यदाकदा कोई भी बदतमीजी करते हैं तो हमारे यहाँ शुरू हो जाता है–तुष्टिकरण और एक मिमियाता हुआ विरोध। बस हो गया हमारे किसी भी देशवासी के किये गये अपमान का निराकरण और पिछला सब कुछ भूल कर आने वाले समय में फिर उसी मानसिकता में जीने लगते हैं जो अमुक घटना से पूर्व में थी।

फिर उनके देश के प्रतिनिधि आते हैं और हमसे रैड कारपैट वैल्कम पाते हैं। मज़ाल क्या कि हम विगत अपमानित घटना का उनसे जिक्र भी कर सकें। आखिर क्यों? यह दब्बूपन क्यों?

(सितम्बर, 2009)

लोकतंत्र में आम और खास

यह जो तंत्र है जिसके तहत यह देश चल रहा है लोकतंत्र कहलाता है। मैं कई बार सोच-सोच कर परेशान होता हूँ कि इसे लोकतंत्र क्यों कहा जाता है। कहते हैं कि अमेरीकी राष्ट्रपति रहे अब्राहम लिंकन के शब्दों में लोकतंत्र की परिभाषा का जिक्र कुछ इस प्रकार था : एक ऐसा तंत्र जो आम लोगों का होता है, आम लोगों द्वारा संचालित होता है और आम लोगों के लिये होता है।

लेकिन आज वर्तमान में इसे गौर से देखा-परखा जाये तो यह तीनों ही बातों से परे का तंत्र लगता है। न तो यह आम लोगों का है, न उनके द्वारा संचालित है, न उनके लिये है, पर फिर भी इस तंत्र को लोकतंत्र ही कहते हैं। क्योंकि इसके परे इसका और कोई नाम हो ही नहीं सकता और न ही इस तंत्र पर फिट बैठता है। यह लोकतंत्र संचालित होता है लगभग 543 महान हस्तियों द्वारा जिन्हें हम सांसद कहते हैं जो मिलकर एक पंचायत बनाते हैं जिसे संसद कहते हैं और बस यह संसद ही है सब कुछ। अर्थात् 543 व्यक्ति जो इस देश को चलाते हैं और जिस ढंग से चलाते हैं उस ढंग का नाम है–लोकतंत्र।

अब इस 543 की संख्या पर गौर फरमाइये, इनमें से लगभग 300 तो करोड़पति हैं, किसी-किसी की तो अचल-चल सम्पत्ति 150-200 करोड़ तक है। 50 से 60 वाले भी हैं और कुछ उसके नीचे की तरफ करोड़ों की सीढ़ियाँ उतरते हुए आते हैं। और इन्हीं 543 में से 150 के करीब ऐसे हैं जिन पर देश की भिन्न-भिन्न अदालतों में आपराधिक मामले पेंडिंग हैं। सुनते है कि इन बेचारों को इनके विरोधियों ने बिना बात के फँसा दिया है और कुछ को इनके मातहत काम करने वाले अधिकारियों ने किसी गबन का केस बनवा दिया है, अन्यथा ये बेचारे तो बिल्कुल निर्दोष हैं। चलिये इसे यहीं छोड़िये।

मुद्दा यह है कि ये सब के सब यानि के ये सरकारी बन्दे जो सरकार चला रहे हैं उसमें आम आदमी किधर है?

चुनाव के दौरान हर पार्टी के नेता ने मुख्य रूप से दो ही बातें मंच से कहीं थीं। एक तो यह कि हम दूसरी पार्टी के नेताओं से कितने अलग, कितने चरित्रवान और ईमानदार हैं और आम आदमी के लिये जो दर्द हमारे दिल में है वह किसी दूसरी पार्टी के दिल में नहीं है। और इस आम आदमी को भिन्न-भिन्न कोंणों से भिन्न-भिन्न प्रकार के प्रलोभन देकर, बहला-फुसला कर अपने पक्ष में वोट डलवा लिये।

वोट पड़े, पार्टियों के सांसद चुन कर आये, संख्या बल के गणित के हिसाब से सरकार और विपक्ष का गठन हुआ। अब संसद में बैठें खास लोग कैसे आम आदमी का ख्याल रखते हैं, आइये देखें :

महंगाई दिन-प्रतिदिन आसमान छू रही है, आम आदमी का बजट प्रतिदिन बनता है और शाम होते-होते बिगड़ जाता है। वह आम आदमी कभी सूखा में सूख जाता है तो कभी बाढ़ में बह जाता है या डूब जाता है। अफ़रा-तफ़री का माहौल है। गोदामों में अन्न सड़ता है पर बिना पैसे के बँटता नहीं। जो खास हैं उन्हें खास फर्क नहीं पड़ता लेकिन जो आम हैं उन्हें इतना फर्क पड़ता है कि प्रतिदिन अगले दिन तक जीवित रहने की जुगाड़ में ही दिन बीत जाता है। अब देखना यह है कि कैसे सुधरेगी इस आम आदमी की हालत।

(सितम्बर, 2009)

बासी शब्दावली

जब से मुम्बई पर हमला हुआ, अर्थात् काण्डों की सीरीज में काण्ड 26/11 हुआ तब से प्रिन्ट मीडिया में कुछ वाक्य लगातार छप रहे हैं। कुछ तो आदेशात्मक से होते हैं, तो कुछ नैतिकता सिखाते से लगते हैं। जैसे अभी कल-परसों अमेरिकी राजदूत टिमोथी जे रोएमर ने फिर से दोहराया कि पाकिस्तान मुम्बई हमलों के साजिशकर्ताओं के खिलाफ त्वरित और सख्त कार्यवाही करे और पाकिस्तान अपने यहाँ खड़े आतंकी ढाँचे को भी तुरन्त ध्वस्त करे। अब कोई यह पूछने वाला नहीं कि टिमोथी साहब यह जो बात आपने कही वह पाकिस्तान के लिये कोई आदेश है, निहोरा है अथवा प्रार्थना है, क्या है ये? या आप यह समझते हैं कि भारत के लोग और नेता बेवकूफ हैं, जो आपकी इस थोथी बात को जिसमें उड़द पर सफेदी की तरह हमदर्दी भी छिपी है, समझते नहीं हैं। अरे ऐसी अनर्गल बातें जो आप और आपके देश से आने वाले आप जैसे सभी गणमान्य व्यक्ति करते रहते हैं और जब वे भारत आकर हमारे प्रधानमंत्री से मिलते हैं तो जोर-जोर से ऐसी बातें अलापते हैं। आप और आपका देश तो उसके खासम-खास हैं, शायद बुरा लगेगा कि आप तो उसके माई-बाप है। आप चाहें तो उससे कार्यवाही तो क्या नाक भी रगड़वा सकते हैं। वे आप ही तो हैं जो बिना पूछे गछे उसे अनाप-शनाप खरबों डालर पल छिन में दे देते हैं। अब वह इन डालरों में से कितने-कितने किस-किस मद में खर्च करता है इसका हिसाब न वह आपको देता हैं और न ही आप इसे उचित समझते हैं कि भीख में दिये गये धन का कोई हिसाब-किताब मांगा जाये।

यदि आपको याद हो तो ऐसी ही बातें कोण्डालीसा राइज और हिलेरी किलिंटन ने भी कही थीं। ऐसी तमाम बातें तभी कही जाती हैं जब ये अमेरिकन हस्तियाँ भारत का दौरा करती हैं। ताकि उनकी भारत यात्रा के

समय एक सद्भाव बना रहे। अभी दो-चार दिन पहले मुशर्रफ साहब बोले कि जो सहायता अमेरीका ने हमें दी थी, हमने उसका भारत के खिलाफ़ जम कर प्रयोग किया और कारगिल जैसा युद्ध भी उसी सहायता से लड़ा।

दूसरे दिन उनके आश्रयदाताओं ने समझाया कि अरे ऐसी ना समझी की बातें क्यों कर दीं। तो मुशर्रफ साहब ने अपनी फितरत के अनुसार अपना बयान बदल दिया कि नहीं वह बात तो बस ऐसे ही मुँह से निकल गई, वास्तव में तो हमने अमेरिकी सहायता बड़े अच्छे कामों में लगाई थी। जैसे मस्जिद बनाना, सड़कें बनाना, मदरसे बनाना, कुछ नवयुवकों के लिये ट्रेनिंग सेन्टर खोलना, भारतीय सीमा के आसपास बने टूटे-फूटे बंकरों की मरम्मत कराना, जनता के लिये कहीं-कहीं से कुछ अनाज मंगवाना। सच्ची बात तो पता नहीं कैसे मुशर्रफ साहब के मुँह से निकल गई जिसके कारण बराक ओबामा साहब भी दो दिन तक बड़े सोच में पड़े रहे। इससे पहले कि वे भारत के साथ बात करते और हमारे भोले-भाले प्रधानमंत्री को कुछ सफाई देते, मुशर्रफ साहब ने अपना बयान पलट कर ओबामा जी की मुश्किल हल कर दी।

मेरी अपनी निजी राय है कि हमारी सरकार को अमेरिकी नेताओं को दो टूक जवाब देना चाहिए कि भई हमारे देश में आकर तुम ये फिजूल की बातें न किया करो। इन तमाम बातों से बासीपन की बू आती है जैसे ये घिसे-पिटे वाक्य बहुत पहले से संजोकर रखे हुए हैं। जिनको तुम समय असमय अपनी सुविधा अनुसार प्रयोग करते रहते हो। अगर तुम दोस्ती का फर्ज निभाना ही चाहते हो तो दो लाइनों का बड़ा साफ-सा संदेश अपने दत्तक पुत्र पाकिस्तान को दिया करो जिससे उसकी अकल की खिड़कियाँ खुलें और उसे समझ में आये कि आतंकी आतंकी होता है, न वह हिन्दुस्तानी होता है, न पाकिस्तानी। उसे तुम इसलिये मत बचाओ कि वह तुम्हारे देश का नागरिक है और मुसलमान है।

(अक्तूबर, 2009)

धन्यवाद मिस्टर नाइक
(हमारी वायुसेना कोई लल्लू-पंजू नहीं)

आज आपका वक्तव्य पढ़कर एक तसल्ली सी हुई। नहीं तो पिछले काफ़ी दिनों से विशेषकर उस दिन से जिस दिन हमारी सरकार के बड़े जिम्मेदार लोगों ने चीनी परेड देखकर कहा था कि चीन के मुकाबले हमारी क्षमता तो केवल एक तिहाई है, हम तो सचमुच बहुत डरे हुए थे। दरअसल देश की जनता तो बड़ी बहादुर और निडर है पर ऐसे वक्तव्य देकर उसे भीरु बना दिया जाता है और वह सोच में पड़ जाती है कि क्या वह इतिहास झूठा है जिसमें लिखा है कि हर्षवर्धन के घोड़ों ने मानसरोवर में जाकर पानी पिया था। अर्थात् हमसे सारा संसार थर्राता था।

देश का आकार उसके क्षेत्रफल या उसकी जनसंख्या से नहीं नापा जाता और यदि आप ऐसा करेंगे तो गच्चा खा जायेंगे, क्योंकि इसको झुठलाने के लिये एक छोटा-सा देश इजराइल आपके सामने आकर खड़ा हो जायेगा। जो किसी भी देश को ललकार कर चुनौती देता है कि कभी भी आ जाना और देख लेना कि कितना जोर हमारे बाजुओं में है। और ऐसा एक बार नहीं कई-कई बार हो चुका है जब उसने महाशक्तियों की ताकीद को भी नज़रअंदाज कर दिया है।

उसी प्रकार दूसरा देश उत्तरी कोरिया है। बीसियों बार दुनिया के दरोगा अमेरिका ने उससे कहा कि हम तुम पर सैंकशन्स लगा देंगे, हम तुम्हें ठीक कर देंगे, तुम आणविक शक्ति से लैस देश नहीं हो सकते। उसका सीधा और सपाट उत्तर था, तुमसे जो बिगड़ता हो बिगाड़ लेना और देखो हमारे मुँह मत लगना, तुम अभी हमें जानते नहीं हो। आप देख रहे हैं कि दरोगा जी अपनी जगह हैं और छोटा-सा उत्तरी कोरिया अगूँठा दिखाता हुआ मुस्कुरा रहा है।

ये सब बातें लिखने का मेरा मतलब आपका ध्यान उस साधारण सी लोकोक्ति की ओर दिलाने का है कि "लड़ती तो फौज़ है पर नाम कप्तान का होता है।" पर ऐसा तभी होता है जब कप्तान बहादुर हो। और हम आये दिन देखते हैं कि हमारे कप्तान, मेज़र और उनसे भी बड़े अधिकारियों की तो बात छोड़िये, हमारे तो जवान भी अपनी जान पर खेल कर अपनी मातृभूमि की रक्षा करते हैं, चाहे वह कारगिल जैसा युद्ध हो अथवा कायर आतंकवादियों से मुठभेड़।

हमारी सेनाएँ अपनी वीरता की कहानियाँ नित्य लिखें और हमारे कर्णधार यह कह कर हमारा मनोबल गिरायें कि हमारी सैनिक क्षमता तो दुश्मन देश की क्षमता का एक तिहाई है। क्या कहें ऐसे वक्तव्य देने वालों को। अरे हमारे डरपोक नेता जी! लड़ाई हथियारों से नहीं ज़ीती जाती, लड़ाई जीती जाती हैं उस ज़ज़्बे से जो किसी देश की जनता में कूट-कूट कर भरा होता है और उदाहरण के लिये हमने दो देशों के नाम ऊपर दिये हैं।

ईश्वर न करे कि कोई जंग हो, क्योंकि हम यह नहीं चाहते। लेकिन कोई देश जंग का अंदेशा पैदा करके हमें डराने की कोशिश करे तो यह हमें कतई बर्दाश्त नहीं।

इसलिए हम वायुसेना प्रमुख एअर मार्शल पी.वी. नाइक के आज के वक्तव्य से बेहद उत्साहित हैं और हमें उम्मीद हैं कि यह वक्तव्य सभी डरे हुए लल्लू-पंजुओं के मन में भी वीर रस का संचार करेगा। और याद दिलायेगा उन्हें उन सारी सच्ची कहानियों की जो राणाप्रताप और वीर शिवा से लेकर लक्ष्मीबाई, मंगलपाण्डे, तात्याँटोपे, टीपू सुल्तान और बाद में शहीदों की टोली– भगतसिंह, आज़ाद, बिस्मिल, राजगुरु, अश्फ़ाक से गुजरती हुई भारत की आजादी के दिन तक लोगों ने एक-दूसरे से सुनी हैं, देखी हैं और भोगी हैं।

(अक्तूबर, 2009)

परिवार-तंत्र

राजतंत्र, प्रजातंत्र, लोकतंत्र और अब परिवार-तंत्र। वैसे तो यह तंत्र काफी पुराना है और आजकल के राजा अर्थात् प्रधानमंत्री, मुख्यमंत्री, मंत्री, राज्यपाल और राष्ट्रपति सभी ने यह जो परिवार-तंत्र की खोज की है, यह नई नहीं है। प्राचीनकाल से चली आ रही प्रथा को ही आगे बढ़ाया गया है। राजा दशरथ के पुत्र राम तो चलो लायक थे, सो राजा बने। लेकिन जिन राजाओं के पुत्र नालायक थे और राजा बने ऐसे अनेक उदाहरणों से इतिहास भरा पड़ा है।

पर आजकल के परिवार-तंत्र की शुरुआत आप नेहरू युग से मान सकते हैं। नेहरू परिवार से शुरू करें तो नेहरू जी के बाद इन्दिरा गांधी, राजीव गांधी, सोनिया गांधी (कोई गद्दी नहीं फिर भी मालकिन का दर्जा) और अब राहुल गांधी। और इस बटवृक्ष की शाखाओं पर जायें तो संजय गांधी, मेनका गांधी और वरूण गांधी। यह तो रहा वह गांधी परिवार जिससे भारत में परिवार-तंत्र की शुरुआत हुई। इसी क्रम में यह भी याद रखने वाली बात है कि इनके समकक्ष कुछ दूसरे नाम थे, लेकिन वे लोग अपने नाम के बाद पूर्ण-विराम लगाकर चले गये। जैसे सरदार बल्लभभाई पटेल, लालबहादुर शास्त्री, मौलाना आज़ाद आदि।

आइये, अब इसी परिवार-तंत्र पर विहंगम दृष्टि डालें।

आज प्रमुख राजनीतिक पार्टियों के प्रमुखों पर नज़र डालें तो आपको जो दृश्य दिखाई देगा वह कुछ इस प्रकार है—पहले महाराष्ट्र को लें। राष्ट्रपति श्रीमती प्रतिभा देवीसिंह पाटिल के सुपुत्र राजेन्द्र शेखावत, ऊर्जा मंत्री शिंदे की सुपुत्री प्रनीति, विलासराव देशमुख के बेटे अमित देशमुख, छगन भुजबल के सुपुत्र पंकज, भाजपा के प्रभावशाली नेता रहे स्व. प्रमोद महाजन की सुपुत्री पूनम महाजन, गोपीनाथ मुण्डे की बेटी पंकजा। जहाँ तक राजेन्द्र शेखावत जी की बात है, वे पिछले एक दशक से राजनीति में सक्रिय रहे हैं। शेष सब नई

पौध है, उन पर यदि कोई योग्यता है तो बस यही कि उनके पिता पहले से ही राजनीति में हैं तो उनकी विरासत को संभालना उनका दायित्व है, कर्तव्य है, मजबूरी भी है, इसलिए ही वे मैदान में उतरे हैं।

इसके अतिरिक्त शिवसेना का परिवार-वाद तो सर्वविदित है। उस पर ठाकरे परिवार का कब्जा है। वह तो श्री बालासाहब ठाकरे से पता नहीं कहाँ चूक हुई, जो राज ठाकरे अलग होकर शिवसेना के एक भाग के मालिक हो गये। और अपनी धारधार वाणी से सभी को आतंकित कर अपनी उपस्थिति का अभास न केवल मराठी मानुष को बल्कि नान मराठी मानुष को भी कराते रहते हैं।

इसके आगे भी एक लम्बी फैहरिश्त है। हरियाणा में स्व. श्री देवीलाल का परिवार, श्री मुलायम सिंह का परिवार, श्री देवगौड़ा का परिवार, स्व. चौधरी चरण सिंह का परिवार (अब चौधरी अजीत सिंह, विदेश से एम.बी.ए. करके आये जयंत को राजनीति में ले-आये हैं।

तो यह तो एक छोटी-सी झलक थी। देश की राजनीति में पनप रहे परिवार-वाद की या कहिये परिवार-तंत्र की।

इसमें कोई संदेह नहीं कि भारत के लोग इस तरह के तंत्र में लगातार प्रगति कर रहे हैं और देश को आगे बढ़ा रहे हैं। लेकिन जिस प्रकार यह परिवार-वाद फैल रहा है, यह किसी भी पार्टी के लिये शुभ-संकेत नहीं है। इसमें एक बड़ा नुकसान यह नज़र आ रहा है कि इनमें से किसी भी पार्टी से यदि कुछ ईमानदार सिद्धांतवादी लोग पार्टी के माध्यम से देश के लिये कुछ करने के लिये जुड़े थे, वे निश्चित रूप से उदासीन होकर धीरे-धीरे इन पार्टियों से किनारा कर लेंगे। वह दिन दूर नहीं जब केवल नेता, उनका परिवार और हाथों में पार्टी का मैनीफैस्टो ही रह जायेगा।

देश में कोई ऐसा कानून नहीं जो सबको बाध्य कर सके अपना मत डालने के लिये। इसलिए निश्चित तौर पर जीत-हार होती रहेगी, चाहे कितने भी कम वोट पड़ें। और परिणाम बिल्कुल भी देश हित में नहीं होंगे, नेता हित में ही सिमट कर रह जायेंगे।

बड़े-बड़े पदों पर बैठे बड़े-बड़े लोगों को इस पर सोचना चाहिये, यदि वे वास्तव में देश से प्यार करते हैं तो।

(अक्तूबर, 2009)

क्या संवेदनाएँ मर रही हैं?

जी हाँ कुछ लोगों का उत्तर यही हैं और शायद सही भी, पर मेरा मानना कुछ इस प्रकार है–जिस तरह मनुष्य का पुनर्जन्म होता है, ठीक उसी तरह संवदेनाओं का रूप बदल रहा है, आप चाहें तो इसे संवदेनाओं का मरना भी कह सकते हैं।

कई साल पहले की बात है मैं शालीमार गार्डन से शाम को घर लौट रहा था। मेरठ तिराहे से कुछ पहले एक आदमी सड़क पर पड़ा था और साथ ही उसका क्षतिग्रस्त स्कूटर भी। उसके सिर से बहते हुए खून ने एक लम्बी लकीर खींच कर स्पीड ब्रेकर बना दिया था, लेकिन लोग थे कि अपने-अपने वाहनों से उस गीली लाल लकीर को पार करते हुए दाँयें-बायें दोनों ओर से निकल कर जा रहे थे।

मैंने इस लाइन को पार करना उचित नहीं समझा और अपनी गाड़ी एक किनारे पर लगा दी। तभी एक मारुति वैन भी मेरी गाड़ी के आगे आकर खड़ी हो गई। अभी मैं उस आदमी के जीवित बचे रनहे की संभावना तलाश ही रहा था कि चार लड़के जिनकी उम्र 25 से अधिक नहीं थी। मेरे पास आकर बोले, ‘‘अंकल इसे जल्दी से अस्पताल ले चलते हैं, काफी खून बह गया है पर अभी साँस चल रही हैं, आप हमारे साथ चलो। लड़कों ने उस आदमी को अपनी वैन में डाला और हम सब लोग गाज़ियाबाद के सिविल अस्पताल में ले आये। इसी बीच तिराहे पर तैनात ट्रैफिक पुलिस का सिपाही जो शायद अभी चन्द महिने पहले ही विभाग में आया था अपनी ड्यूटी छोड़कर हमारी मदद के लिए हमारी टीम में शामिल हो गया।

अस्पताल में एक कम्पाउण्डर सा व्यक्ति एमरजेंसी में था–डॉक्टर एमरजेंसी से सटे कमरे में आराम फरमा रहा था। ‘‘डॉक्टर साहब अभी आ

रहे हैं'', यह वाक्य हमारे कानों में लगभग 10 मिनट तक गूँजता रहा। पता नहीं क्यों कब और कैसे मेरे भीतर का राक्षस जाग गया और में साथ वाले कमरे में घुसकर उस डॉक्टर से भिड़ गया, यहाँ तक कि उससे गाली-गलौच भी कर डाली और तब वह डॉक्टर प्रत्युत्तर में मुझे अंग्रेजी में गालियाँ देता हुआ मरीज की देखभाल के लिये आ गया।

घायल आदमी की जेब से पता चला कि वह गाज़ियाबाद के दौलतपुरा मौहल्ले का गफूर नाम का व्यक्ति है, उसके घर फोन करके घर वालों को बुलवाया जो उसे दिल्ली ले गये।

जब एक माह बाद मैं उस व्यक्ति की खोज खबर लेने गया तो दो बातें पता चलीं–एक तो उन लड़कों की ही वैन से वह टकराया था, दूसरी यह कि गफूर पूरी तरह शायद कभी न बोल पाये।

इस बीच मैं कई बिन्दुओं पर सोचता रहा। ट्रैफिक पुलिस के सिपाही की संवदेनाएँ जो अभी तक साबुत काँच की तरह थीं, उन चारों लड़कों की संवेदनाएँ जो बस अस्पताल तक साथ थीं उस डॉक्टर की संवदेनाएँ, जिसके पास डॉक्टरी संवदेनाए भी नहीं थीं, जो तमाम डॉक्टरों के मन में कर्तव्य का रूप लेकर कार्य करती हैं। और खुद की संवेदनाएँ जो उस समय क्रोध और आवेश में बदल गईं थीं।

अभी हाल में प्रधानमंत्री श्री मनमोहन सिंह की संवदेनाएँ भी देखीं। और आज तो उन्होंने मृतक की पत्नी से बाकायदा लिख कर माफी भी मांगी कि चण्डीगढ़ यात्रा के दौरान उनकी सुरक्षा में लगे सुरक्षाकर्मियों की संवेदनहीनता के कारण जिस प्रकार उसके पति की मौत हो गई उसके लिये उन्हें बेहद अफ़सोस है, इसकी वे गहन जाँच भी करवा रहे हैं और कुछ ऐसी व्यवस्था पर विचार कर रहे हैं कि भविष्य में किसी भी वी.आई.पी. की यात्रा के दौरान इस प्रकार की दुर्घटनाएँ न हों। साथ ही प्रधानमंत्री ने अपने सभी सुरक्षाकर्मियों को नसीहत दी है कि उन्हें संवेदनशील होना चाहिए।

यह बहुत अच्छी बात होगी कि प्रधानमंत्री की यह सलाह सभी संवेदनहीन कर्मी जो सरकार का अंग है मान लें ताकि भविष्य में और बहुत सारे सुशील कुमार असमय मरने से बच सकें।

प्रधानमंत्री जी से एक प्रार्थना और भी है कि जितने भी जलसे, जलूस और जाम लगते हैं उनके अगुवा भी एक नम्बर के संवेदनहीन व्यक्ति होते हैं

और तो और कुछ शिव भक्त भी जो शिव के लिये काँवड़ ढोकर लाते हैं वे भी और उनसे अधिक वे पुलिस के कर्मचारी जो काँवड़ वालों के आवागमन को सुचारू रूप से चलाने की जिम्मेवारी की फीत अपने कंधों पर लगाये रहते है उनके लिये भी कुछ ऐसी व्यवस्था करवायें जिससे वे भी संवेदनशील बन सकें।

(नवम्बर, 2009)

घोटाले-दर-घोटाले

"रिश्वत लेता पकड़ा जा तो रिश्वत देकर छूट जा।" पता नहीं कब किसने कहाँ यह बात कही मुझे नहीं पता बस इतना पता है कि किसी मुक्तभोगी ने अपने किसी फँसे हुए साथी को सलाह दी होगी।

आज़ादी कि पिछले 60 सालों पर नज़र दौड़ायें तो मेरे इस छोटे से दिमाग में जिन घोटालों के नाम दर्ज हैं वे कुछ इस प्रकार हैं–इन्दिरा जी के समय में नागरवाला ऐसा ही कुछ नाम था, स्टेट बैंक से 60 लाख रुपये की निकासी का घोटाला हुआ। किसी ने इन्दिरा जी की आवाज़ में बैंक के अधिकारियों को आदेश दिया और आनन-फानन एक टेलीफोन की आवाज पर 60 लाख का घोटाला हो गया। बाद में दिल्ली में ही नागरवाला की ट्रक की चपेट में आकर मौत हो गई। नागरवाला गया ट्रक पकड़ा नहीं गया और घोटाला समाप्त हो गया।

फिर एक घोटाला तोप के गोले की तरह आवाज करता हुआ स्व. राजीव गांधी के समय में हुआ और क्वात्रोची का नाम इससे जुड़ गया। वह लाखों में नहीं करोड़ों में था। राजीव जी का नाम इसलिए कि यह उनके कार्यकाल में हुआ था और क्वात्रोची का इसलिए कि वह इस सौदे का दलाल था। इस घोटाले का मुकदमा सालों-साल चला और चल ही रहा है और जब कभी इसे विराम देने का विचार बनता है तो इसकी कोपलें फूटकर बाहर आ जाती हैं। श्री कमलेश भट्ट कमल की ये पंक्तियाँ याद आ जाती हैं–"विरोध अपना जताने का तरीका पेड़ का भी है जहाँ से शाखा काटी थी वहीं से कोपलें निकलीं।" सो इस घोटाले के साथ भी यही हो रहा है, जहाँ से काटने की कोशिश की जाती है, वहीं से नई कोपलें फूट आती है और परिणाम कैसा सुखद है कि जितनी रकम का घोटाला था, उससे तीन गुनी रकम

पैरवी, कार्यवाही, आवाजाही और सी.बी.आई. एवं न्याय प्रक्रिया पर खर्च हो चुकी है। अगर कहीं गाँव गवईं का मामला होता तो सीमित फण्ड के कारण पंचायत कह देती–"भाइयों इसे बन्द करो जो हुआ सो हुआ अब इस पर धूल डालो।" पर हमारी सरकारी मशीनरी की विचारधारा तो बिलकुल इसके उलट है। ऐसी फाइलों पर यदि धूल जम जाये तो उन्हें झाड़ पौंछकर सँभाल-सँभालकर रखा जाता है, पता नहीं कब कौन-सी पार्टी की सरकार आये और फिर से फाइलें तलब कर ली जायें।

इसके अतिरिक्त आदरणीय सुखराम जी का कई करोड़ का घोटाला हुआ और वह था रंगे हाथ घोटाला। छापे के दौरान ही करोड़ों रुपये उनके निवास स्थान से मिले थे। यह घोटाला न्याय के लिये 13 साल ठोकरें खाता रहा, तब जाकर दिल्ली हाईकोर्ट ने सुखराम जी से कहा कि "अमा, अब मान भी लो न कि यह घोटाला तुम्हारे द्वारा ही हुआ था।" सुखराम जी इस बात से बिदक गये और वहीं पत्रकारों से कह दिया कि मैं इसके विरुद्ध उच्चतम न्यायालय में अपील करूँगा। अब उनकी उम्र लगभग 80 के लपेटे में है और अपील उच्चतम न्यायालय में। अब आप अपनी उम्र के हिसाब से परिणाम की प्रतीक्षा कीजिये।

नदी कभी रूकती नहीं है और उसी तरह घोटालों की नदी, कदम-दर-कदम आगे बढ़ती रही है, और आज भी बढ़ रही है। सुखराम शर्मा जी काण्ड के बाद आया चन्द्रास्वामी काण्ड, जैन हवाला काण्ड। और इससे पहले की मैं ताजे घोटालों की बात करूँ एक और काण्ड हुआ था, वह था हर्षद मेहता काण्ड, स्व. नरसिंहा राव के जमाने में। इधर जो घोटाले अब हुए हैं, उनकें कुछ नाम याद आ रहे हैं–सत्यम घोटाला, ए राजा टेलीकाम मंत्री से जुड़ा 2-जी स्पैक्ट्रम घोटाला (लोग इसे पिछले 60 सालों के घोटालों का बाप बता रहे हैं पर सच्चाई तो सी.बी.आई. की जाँच के बाद ही सामने आ सकेगी। इसी तरह तेलगी स्टाम्प घोटाला, ताज कारीडोर घोटाला, झारखण्ड का कोडा घोटाला इत्यादि अनेक घोटालों की लम्बी फैहरिश्त है।

ये तो थे रुपये-पैसे के घोटाले। इसी तरह कुछ राजनीतिक घोटाले भी हुए, जिनमें दो विशेष रूप से इतिहास में दर्ज होंगे वे हैं–1984 का सिख कत्ले-आम और 1992 का बाबरी मस्जिद का ध्वंस। ये मामले भी उलझी हुई डोर की तरह हैं और आयकर दाता का अच्छा-खासा रुपया पी रहे हैं। न्याय

कब होगा, कोई भी अनुमान झूँठा ही साबित होगा।

इन तमाम घोटालों की बावत आपने पढ़ा और पाया कि घोटाले तो हुए, पर उनका हुआ क्या? तो आपकी जानकारी के लिये बता दें कि वह घोटाला ही क्या जिसका पर्दाफ़ास हो जाये। जी हाँ, आपने देखा है और देखेंगे कि किसी भी घोटाले में किसी को भी कभी भी कोई सजा नहीं हुई न होगी और जो घोटालेबाज लोग लाइन में हैं उपरोक्त घोटाले उनके लिये प्रेरणास्त्रोत बनेंगे।

नफ़रत की नींव पर खड़े होते राजमहल

आप सभी जानते है कि आदमी नेता बनने के बाद आदमी नहीं रहता, वह आदमी से कुछ ऊपर की चीज बन जाता है—राजा, सामन्त, ज़मींदार, ताल्लुकेदार (किरायेदार नहीं)। उसका कारण है नेता बनने के बाद, सबसे पहले एक ही प्रश्न उसके दिल-दिमाग को कचोटता है कि उस धन की पूर्ति कैसे हो, जो नेता बनने की प्रक्रिया में पानी की तरह बहा। यह बात सभी पर लागू नहीं होती, कुछ अपवाद हर स्थान पर होते हैं, हर व्यवस्था में होते हैं, सो यहाँ पर भी हैं। हम कर रहे हैं एक आम बात जो हमारी आँखों के सामने नित्य-प्रति घटती है।

तो सबसे पहले तो नेता घिरता है एक ऐसे आवास से जो किले की तरह होता है, जिसके मुख्य द्वार से लेकर शयनकक्ष तक सुरक्षाकर्मियों की एक लम्बी कतार होती है। अब ऐसी व्यवस्था में यदि कोई साधारण आदमी (वोटर) अपने नेता से मिलना चाहे तो कैसे मिले? अधिकांश को तो वेशभूषा देखकर सुरक्षाकर्मी ही निबटा देते हैं। बस कुछ दबदबे वाले या फिर कारों वाले ही मुलाकाती रह जाते हैं। कुछ तुरत-फुरत निबटाये जाते हैं तो कुछ चाय पीकर विदा लेते हैं। यह तो रही चुनाव से चुने जाने तक की प्रक्रिया। अब नेता की चिंता शुरू होती है सदैव नेता बने रहने की। इसके लिए चाहे उसे कुछ भी करना पड़े।

यह जो वोटर है अर्थात् जनता का आदमी, बेहद भोला, जल्दी बातों में आने वाला, भ्रमित होने वाला, सामने वाले को अपने जैसा ईमानदार जीव समझता है। ऐसा आदमी अपने नेता के हर वाक्य को बड़ी गम्भीरता से लेता है।

कुछ समय पहले महाराष्ट्र में राज ठाकरे ने एक नफ़रत भरी आवाज उठाई—मराठी मानुष की मराठी भाषा की और बना डाली ''मनसे'' (महाराष्ट्र नवनिर्माण सेना। उनके मन में एक नई सोच ने जन्म ले लिया था, नवनिर्माण

का। नवनिर्माण महाराष्ट्र का नहीं और न ही मराठी मानुष का, बल्कि नवनिर्माण स्वयं का। सो उन्होंने वह कर भी दिखाया। कुछ उत्तर प्रदेश और बिहार के लोगों को पीटा, डराया, धमकाया जो एक दो नहीं धमके, वे मुम्बई तो क्या दुनिया ही छोड़ गये। और परिणाम आपके सामने है। मराठी मानुष का मन बदला और मनसे को पहले ही झटके में 13 सीटें मिल गईं। इस परिणाम को देखकर अब दूसरे राज्यों में यह ''मनसे'' वाला फोबिया फैलने लगा है। फैलने लगा है स्वाइन फ्लू की तरह माइनफ्लू अर्थात् नेता का निज का फ्लू।

आज दिनांक 7 नवम्बर, 2009 को पहली बार राज ठाकरे की तर्ज पर बयान आया है—मध्य प्रदेश के मुख्यमंत्री शिवराज चौहान का, कि अगर मध्य प्रदेश में उद्योग लगेंगे तो काम करने वाले हाथ भी मध्य प्रदेश के ही होंगे। ''मध्य प्रदेश के भी होंगे'' ऐसा मत पढ़ लेना, क्योंकि न तो ऐसा शिवराज चौहान ने कहा और न ही मैंने लिखा है। लो अब कर लो बात, लगा दी नफरत की बारूद में एक तीली। अब तमाशा शुरू होगा और लाभ मिलेगा चौहान जी को जो आज-कल स्थानीय निकायों के चुनावों के मद्‌देनज़र मध्य प्रदेश के मुख्य-मुख्य नगरों में अश्वमेध यज्ञ पर निकले हैं।

चौहान के इस कथन पर कांग्रेस के प्रदेशीय और देशीय प्रवक्ताओं की कुछ प्रतिक्रियाएँ आई हैं और उनमें उतना ही दम है जितना दम उनकी प्रतिक्रियाओं में तब था, जब मनसे के राज ठाकरे ने मराठी मानुष और मराठी भाषा की बात कही थी। अहम् सवाल तो यह है कि ये बेचारे सिवाय प्रतिक्रिया व्यक्त करने के और कर भी क्या सकते हैं। और जो कर सकते हैं, वे ज्यादा कुछ करेंगे तो अपना प्रदेशीय वोट खो देंगे और जहाँ अब विपक्ष में हैं, वहाँ विपक्षतर हो जायेंगे।

अब इस प्रकार क्षेत्र और भाषा की नींव पर यह नफ़रत की दीवार क्या दूसरे प्रदेशों के मुख्यमंत्रियों को लालायित नहीं करेगी? क्या यह बीमारी स्वाइन फ्लू से कम घातक होगी? केन्द्र में बैठी सरकार को चाहिए कि अभी भी देर नहीं हुई है, अभी तो यह दूसरा ही केस है। इसका तत्काल प्रभाव से ही कोई वैकसीन तैयार करवाये, नहीं तो यह रोग देश के अनेक प्रान्तों के मुख्यमंत्रियों में भी फैल सकता है।

(नवम्बर, 2009)

बाल ठाकरे की ये कैसी 'कलमनीति'

जब दुनियाभर के समाचार पत्र सचिन के क्रिकेट जीवन के बीस साल पूरे होने पर उनकी प्रशंसा में कसीदे काढ़ रहे थे, उसी समय शिवसेना प्रमुख बाल ठाकरे ने सचिन के खिलाफ पार्टी के मुखपत्र सामना में जहर उगला। वैसे देखा जाए तो सामना अब केवल पार्टी का मुखपत्र नहीं रह गया है। दो भाषाओं में प्रकाशन, ई-पेपर, बड़ा स्टाफ और अच्छे-खासे सर्कुलेशन के चलते अब यह मुखपत्र महाराष्ट्र के बड़े समाचार पत्रों में शुमार किया जाता है। हाँ, यह अलग बात है कि इस मुखपत्र से समाचार पत्र धर्म की न तो उम्मीद कभी की गई थी और न उस कसौटी पर इसे कभी आँका ही जाता है।

अखबार की प्रसांगिकता को लेकर अकबर इलाहाबादी का एक शेर हमेशा पढ़ा जाता है, 'खींचो न कमानों को, न तलवार निकालो, जब तोप हो मुकाबिल तो अखबार निकालो।' हालांकि बाल ठाकरे ने जब यह अखबार निकालना शुरू किया था तो उनकी मराठी ब्रांड तोप मुकाबिल तो नहीं थी, लेकिन अब उन्होंने मराठी मानुस के नाम पर शुरू की गई राजनीति को हथियार बना लिया है। बाल ठाकरे खुद को जिस मराठी मानुस का आलंबरदार कहते हैं, अपनी राजनीतिक इच्छाओं की पूर्ति न होने पर वह उसी मराठी मानुस को भी अपने इस पत्र में लिखे संपादकीय के माध्यम से निशाना बना ही लेते हैं। महाराष्ट्र विधान सभा चुनावों में मिली हार के बाद बाल ठाकरे ने इसी सामना में उनके खिलाफ ही आग उगलते हुए कहा था कि महाराष्ट्र की जनता का अब भगवान ही मालिक है। इतने बड़े मराठी समाज और महाराष्ट्र की जनता का भविष्य बाल ठाकरे सामना के संपादकीय से ही निर्धारित करते हैं।

ऐसा नहीं कि देश में बाल ठाकरे ने इस तरह की कोई टिप्पणी पहली बार की हो या दूसरी राजनीतिक पार्टियाँ अपने मुखपत्रों में इस तरह की

बयानबाजी नहीं करतीं, लेकिन अपनी राजनीति को चमकाने के लिए एक ऐसे माध्यम को हथियार बनना जो कि समाज का चौथा स्तंभ है, सोचने पर मजबूर करता है। ऐसे में यह सवाल उठाना लाजिमी हो जाता है कि क्या स्वयंभू संपादक होने का यह मतलब है कि वह समाचार पत्र के धर्म और उसके उद्‌देश्य के साथ खिलवाड़ करें।

यह बात सही है अपनी अस्मिता और क्षेत्रीय पहचान को लेकर महाराष्ट्र की जनता हमेशा से ही बेहद संवेदनशील रही हैं, लेकिन समाचार पत्र के दृष्टिकोण से देखा जाए तो महाराष्ट्र की धरती ने ऐसे पत्रकारों और संपादकों को जन्म दिया है, जिन्होंने भाषाई और क्षेत्रीय दूरियों को छोटा कर समाचार पत्रों की जरूरत को सार्थक किया है। आज भले ही बाल ठाकरे हिन्दी भाषी और हिन्दी पट्‌टी के लोगों के खिलाफ अपने इस पत्र के माध्यम से अभियान चलाते हैं, लेकिन इसी महाराष्ट्र की धरती ने ऐसे पत्र और पत्रकार दिए, जिन्होंने हिन्दी के विकास के लिए अभूतपूर्व कार्य किया। हिन्दी भाषा का पहला साप्ताहिक 'उदंत मार्तंड' पंडित जुगल किशोर शुक्ल ने प्रारम्भ किया, लेकिन वास्तव में इसकी नींव और इसकी दिशा मूलतः महाराष्ट्र के निवासी बाबूराव विष्णु पराडकर जी ने निर्धारित की थी। सुपरिचित 'आज' अखबार के संपादक बाबूराव विष्णु पराडकर जी का शब्द सामर्थ्य और लेखन शैली आज भी सुधी पाठकों के जेहन में बसी हुई है। मराठी भाषी पराडकर की पत्रकारीय शिक्षा भले ही मराठी दैनिक के साथ शुरू हुई हो, लेकिन उन्हें इस बात का अभास था कि स्वतंत्रता के जिस लक्ष्य को पत्रकारिता के माध्यम से देखा जा रहा है, वह उसे भाषाई बंधनों में बांधकर नहीं पाया जा सकता। और वे हितवार्ता नामक पत्र के संपादक बने। यह सिलसिला यहीं नहीं रुका भारत मित्र, ज्ञानमंडल और फिर आज।

जब पराडकर जी के नेतृत्व में 'आज' ब्रिटिश सरकार की चूलें हिला रहा था, तब ब्रिटिश सरकार ने 'आज' के प्रकाशन पर पाबंदी लगा दी। इसी दौर में उन्होंने भूमिगत होकर 'रणभेरी' नाम से पत्र निकालना शुरू किया। पत्रकारिता के अपने अनुभवों को एक बार उन्होंने महाकवि के शब्दों को उधार लेते हुए कहा था कि पत्रकारिता यानी तलवार की धार पर दौड़ना है। उनका मानना था कि समाज के जीवन में जिन प्रश्नों पर उचित निर्णय की आवश्यकता होती है और जिन निर्णयों पर समाज का जीवन अंत तक निर्भर

रहता है, उनके बारे में जनता को योग्य जानकारी संपादक का धर्म होता है। बाल ठाकरे पत्रकार तो नहीं हैं, लेकिन संपादक जरूर हैं। क्या वे संपादक की इस जिम्मेदारी को भला कभी समझ पायेंगे?

मराठी पत्रकारों में भाषाई बंधनों को तोड़कर पत्रकारिता करने का जो जज्बा पराडकर जी ने पैदा किया, उसकी कई शाखाएं निकलीं। लोकमान्य तिलक के संपादन में प्रकाशित दैनिक केसरी के प्रभाव को हिन्दी भाषी क्षेत्रों तक फैलाने के लिए मराठी पत्रकार माधवराव सप्रे ने नागपुर हिन्दी भाषा में साप्ताहिक 'केसरी' प्रकाशित किया। वाराणसी से बनारस अखबार नामक हिन्दी पत्र मराठी-भाषी संपादक गोविंदराव थत्ते ने प्रकाशित किया। परोपकार पत्रिका का प्रकाशन धर्मवीर पंडित ने किया। वीर सावरकर के छोटे भाई भी हिन्दी भाषा में एक पत्र प्रकाशित करते थे। अहमदनगर और कोल्हापुर से हरि सखाराम तुंगार ने 'आर्यभानु' पत्र प्रकाशित किया। तुंगारजी ने नांदेड़ (महाराष्ट्र) से 'आर्यभास्कर' नामक हिन्दी भाषा का साप्ताहिक प्रकाशित किया। तुंगार घराने की परंपरा को देवदत्त तुंगार जी ने 'हिन्दी मिलाप' समाचार पत्र के माध्यम से आगे बढ़ाया। संपादक हरि तुंगारजी ने आर्यसमाज की हिन्दी पत्रिका का 50 वर्षों तक संपादन किया। राहुल सातपुरे, गोविंदराव थत्ते, काकासाहेब कालेलकर, विनायकराव विद्यालंकार, सिद्धानाथ अगरकर, पंडित धर्मवीर, कुशल देव कापसे, वेदकुमार वेदालंकार जैसे मराठीभाषी संपादकों ने अपने पत्रों के माध्यम से हिन्दी और पत्रकारिता दोनों को समृद्ध किया।

आखिर इन संपादकों ने मराठी अस्मिता की चर्चा अपने संपादकीय लेखों में क्यों नहीं की? वीर सावरकर ने आखिर यह क्यों नहीं कहा कि काला पानी के दौरान कोल्हू में जुतकर जो तेल मैंने निकाला है, उस पर केवल महाराष्ट्र के लोगों का हक है। उनके भाई भी तो अपना पत्र निकालते थे। क्या अपने पत्र में उन्हें यह कहने से कोई रोक सकता था?

संविधान में जिन मौलिक अधिकारों की बात की गई है, क्यों नहीं बाबा साहब अंबेडकर ने कहा कि यह अधिकार केवल महाराष्ट्र की जनता के लिए है, शेष भारत को इन अधिकारों से वंचित रहना होगा। क्या वे महाराष्ट्र के नहीं थे? आखिर क्यों नहीं विनोबा भावे ने यह कहा कि भू-दान आंदोलन से जो जमीने हमें मिली हैं, उन पर केवल मराठियों का अधिकार होगा? अगर ऐसा होता तो क्या आज पूरे देश के लिए उनके मन में सम्मान होता। आखिर

क्यों सचिन शतक लगाने के बाद यह कहते हैं कि यह शतक देश के लिए समर्पित है? क्यों वे यह नहीं कहते कि यह शतक महाराष्ट्र के लिए समर्पित है? एक संपादक को अपने विचारों को लिखने की पूरी छूट है, लेकिन पत्रकारिता का भी धर्म होता है। अपनी छद्म मंशा को पूरी करने के लिए समाचार पत्र को आलंबन बनाने को पत्रकारिता नहीं कहा जा सकता।

(19 नवम्बर, 2009)

ढीलमढाली-टालमटोल
सब कुछ कह, पर सच मत बोल

सुबह-सुबह जब सैर से लौटता हूँ तो चाहता हूँ कि अख़बार पर नज़र न डाली जाये। पर न जाने क्यों यह उत्कंठा कि देश पर पिछले 24 घण्टों में क्या-क्या गुज़री है, के लालच के आगे अपने आपको विवश पाता हूँ। पहले पन्ने पर मोटे अक्षरों में छपी ख़बरों से रू-ब-रू होता हुआ बलात्कार, कत्ल, गबन, आयकर के छापे, आतंकियों के नये मंसूबे और राजनीतिज्ञों की चलाकियों से लबरेज ख़बरों के बीच से गुज़रता हुआ, खेल के पृष्ठ तक पहुँचता हूँ, जहाँ शीर्ष पर पहुँचे, पहुँच वाले खिलाड़ियों के गुणगान पढ़ने को मिलते हैं तो कुछ उभरते हुए खिलाड़ियों के प्रति कार्यवाहियों के समाचार भी पढ़ने को मिलते हैं, उन खिलाड़ियों की ख़बरों से कुछ ऐसी आवाज आती है "काश! हम भी किसी मंत्री के चहेते होते।

इस प्रकार अख़बार का सफर तय करते हुए उड़द, मूँग, चावल, तेल, सरसों, चीनी, आलू, प्याज के भावों से रू-ब-रू होता हुआ, आखिरी पन्ने को पहले पन्ने से जोड़कर एक ओर रख देता हूँ। और तब एक-एक आह के साथ, एक-एक चाय का घूँट लेता हुआ उगते हुए सूरज को देखकर अपनी नम आँखों से मन ही मन एक ही बात कहता हूँ कि हे जाग्रत देव ! इस देश के लिये तू ही कुछ कर। यहाँ तो तेरा और ईश का गुणगान करने में भी राजनीति घुसी हुई है, हर योजना में वुड बोरर (लकड़ी के भीतर एक बहुत महीन कीड़ा) की तरह भ्रष्टाचार घुसा हुआ है। और अब तो भ्रष्टाचार ने खुद अपने ही बनाये हुए सारे कीर्तिमान ध्वस्त कर दिये हैं। सारे के सारे सरकारी काम सारी योजनाएँ अब इससे अछूती नहीं हैं। इसका सबसे घिनौना रूप देखने को

मिलता है उन व्यक्तियों में जो प्रशासन का हिस्सा हैं, जिनको नाम दिया गया है सरकार।

अभी हाल-फिलहाल में कुछ समाचारों पर नज़र डालें तो वे कुछ इस तरह पढ़ने में आये हैं–उत्तर प्रदेश सरकार फँस गई मूर्तियाँ लगवाने के चक्कर में, जीवित तथा स्वर्गवासी दोनों ही तरह के महान व्यक्तियों की मूर्तियाँ। और जहाँ मूर्तियाँ लगीं वहाँ के चारो ओर खूबसूरत बाग-बगीचों के निर्माण से सम्बंधित मामलों में। सरकार कहती है कि उसे इस प्रकार का पूरा हक है कि अपनी विधान सभा में बाकायदा बजट पास करवा कर, ऐसे निर्माणों पर पैसा खर्च कर सकती है। वहीं सर्वोच्च न्यायालय इसमें टांग अड़ा देता है कि जनता के पैसों को इस प्रकार बर्बाद नहीं किया जा सकता।

इस टसल में बहुत सारी बातें अपने आप ऐसे खो जाती हैं जैसे भुस के ढेर में सुई। ऐसी कुछ समस्याओं हैं जैसे भूख से तंग आकर किसानों की आत्म-हत्याओं के प्रकरण, उत्तर प्रदेश के बुन्देलखण्ड की भुखमरी, उड़ीसा व झारखण्ड के नगण्य विकास कार्य, आदिवासियों की रोटी से जुड़ी समस्याएँ, देश के सैकड़ों जिलों में लगातार बढ़ता नक्सलवाद, आतंकवाद व माओवाद। एक ओर हजारों टन अनाज का भण्डारणों में सड़ना तो एक ओर भूख से टूटे हुए लोगों की मुट्ठीभर अनाज के लिये लम्बी-लम्बी कतारें। ऐसी तमाम समस्यायें राज्य, राजनेताओं और न्यायालयों के बीच की रस्साकसी के बीच पूर्णरूपेण खो जाती हैं।

भ्रष्टाचार का रोग अगर आदमी के शरीर तक ही सीमित रहता तो गनीमत थी, पर अब तो यह उसके विचारों को भी दूषित कर रहा है। उसकी समझ को भी द्विअर्थी बना रहा है और बड़ी बात तो यह है कि यह ऊपर से नीचे की ओर बह रहा है। बहुत मुश्किल होता है किसी ऊपर से नीचे की ओर आती हुई चीज को रोकना। बड़ी मुश्किल से पार पाई थी–कारगिल की लड़ाई में, क्योंकि यह दुश्मन ने शुरू की थी जो काफी ऊँचाई पर था और हमारी सेनाएँ नीचाई पर थीं। ऐसे ही चाहे पहाड़ से नीचे की ओर भागती नदी हो अथवा ऊपर से नीचे की ओर बहता भ्रष्टाचार का मलवा इसे रोकना एक दुरूह कार्य है। इसके तमाम उदाहरण आपके सामने हैं। क्या तोप घोटाला, टेलीकाम घोटाला, सत्यम घोटाला, तेलगी घोटाला और न जाने तमाम दुनिया भर के घोटाले। और अब तो यह धर्म के पैरोकारों को भी लपेटने के चक्कर

में है। धर्मगुरु भी अपनी महत्वाकांक्षाओं को अपने मन में छुपाये राजनीति से छेड़छाड़ करने में लगे है। अभी-अभी योग गुरु स्वामी रामदेव जा पहुँचे उलेमाओं के देवबन्द में सजे-सँवरे मंच पर और दुनियाभर की बातों पर तो बोले, यह भी बता दिया कि पाँच वक्त की नवाज़ में भी योग छिपा है और उलेमाओं ने भी जो पहले योग के खिलाफ़ थे मान लिया कि योग गुरु सही फरमा रहे हैं, बस हमें तो ओउम का उच्चारण नहीं करना है और न ही बन्देमातरम् गाना है। इधर योग गुरु ने इस पर मोहर लगाई, उधर देश के गृहमंत्री ने मंच पर पहुँच कर उलेमाओं की पीठ थपथपाई कि कोई बात नहीं, मेरे भाइयो! बस बढ़ते रहो, फलते-फूलते रहो, जैसे भी रहो बस खुश रहो।

और जब गृहमंत्री के दिल्ली पहुँचने पर विपक्ष ने कुछ सवाल पूछने शुरू किये तो मंत्री के पैरोकारों ने कहा जो कुछ भी उलेमाओं के यहाँ पास-फेल हुआ, उस समय गृहमंत्री वहाँ मौजूद नहीं थे। ऐसे ही उत्तर गुरु रामदेव जी भी देकर एक ओर हो जायेंगे। कहीं भी कोई स्पष्ट उच्चारण नहीं, कोई भी बात पाक साफ़ नहीं, कोई भी बात नीति परक नहीं। यदि कुछ नीति परक है तो वह है आने वाले समय में वोट बटोरू नीति। जिसके लिए राजनीतिक पार्टियाँ कुछ भी करने में या कोई भी कदम उठाने में कभी पीछे नहीं रहतीं और इसी संदर्भ में देखें एक बड़ी सही बात जो जस्टिस काटजू ने कही कि वे बड़ी उम्मीद से भ्रष्टाचार को ठीक करने का मन लिये हुए अपने कार्य में लगे थे, लेकिन अब वे भ्रष्टाचार देव के सामने नतमस्तक होकर पीछे हट गये हैं और जे.बी.टी. के हरियाणा वाले मामले में एक तरह से निराश और हारे हुए से जस्टिस ने याचिकाकर्ता को सलाह दी है कि अब वह उच्चतम न्यायालय से अपने मामले को उच्च न्यायालय में ले जाये और वे ऐसा प्रयास करेंगे कि बरसों से उच्चतम न्यायालय में चल रहा मुकदमा उच्च न्यायालय में छह माह में ही न्याय पा जाये। अब आप देखते रहिये राम के देश के रंग बदलते हालात, राम झरोखे बैठकर।

(दिसम्बर, 2009)

मुद्दा बड़ा कि देश

अभी कुछ दिन पहले संसद का एक सत्र शुरू हुआ। देश के लोग जो 80/- रुपये किलो की दाल और 40/- रुपये किलो की चीनी चख रहे थे वे क्रोध में तो थे ही साथ ही उम्मीद में भी थे कि इस बार संसद का सत्र बड़ा हंगामी होगा। महंगे से महंगा सांसद भी इस महंगाई पर जरूर बोलेगा।

इसी दौर में एक बड़ी भारी अनियंत्रित भीड़ देश के किसानों की दिल्ली में घुस आई। उसका अपना विरोध भी बड़ा जायज़ था कि सभी गन्ना मिल और केन्द्रीय सरकार भी उनके प्रति अत्याचार करने जा रही है एक अध्यादेश के अंतर्गत। उनके लिये फरमान जारी किया जाने को था कि आप अपना गन्ना घोषित नीति और दर के हिसाब से मिलों में देंगे। उत्पादकर्ता को यह हक कि वह लागत के आधार पर अपने सामान का मूल्य निर्धारित कर सके उसे न मिला है और शायद मिलेगा भी नहीं। यही कारण था उस भीड़ का जो दिल्ली में घुसी और वहाँ के वाशिंदों की जिन्दगी में भूचाल लाकर लौट गई। इस सबके बावजूद भी यदि संसद सत्र चलता तो बड़ा हंगामी होता। क्योंकि 543 माननीय सांसदों में से पक्ष और विपक्ष के मिलाकर कुछ सौ तो ऐसे अभी जरूर हैं जिन्हें देश की चिंता रहती है। वे लगातार सोचते हैं इस देश के विषय में और देशवासियों के विषय में। वे यह भी जानते हैं कि किसी भी देश की प्रगति को नापने का तराज़ू केवल जी.डी.पी. या सोने-चांदी के भाव या शेयर मार्किट का चढ़ाव मात्र नहीं हो सकता। वे उस चढ़ाव पर भी लगातार नज़र रखते है जो बी.पी.एल. के नाम से जाना जाता है (बिलो पावर्टी लाइन। उसके चढ़ाव पर नज़र डालें तो वह 28 प्रतिशत से अब 50 प्रतिशत होने जा रहा है।

यह सोच मन में लिये हुए ये लोग संसद में जाने की तैयारी में थे, तभी एक मुद्दा उछला और सत्ता-पक्ष की बाँछें खिल गईं। वह मुद्दा था–लिब्राहन

आयोग की वह रिपोर्ट जो बाबरी मस्जिद के ढाँचे को गिराये जाने के सम्बन्ध में थीं। इस पर विचार मग्न था एक लिब्राहून नाम का आयोग, जो पिछले 17 सालों से रोज सोते-सोते कहानियाँ सुनता था, फिर जागरूक होकर मनन करता था और फिर सैकड़ों-हज़ारों पेज लिखता था।

कहते हैं कि इस आयोग की जो फाइण्डिंग्स थी, जो निचोड़ था वह अत्यंत महत्व का था और बड़ा गोपनीय था। लेकिन वह सही वक्त पर जब संसद का सत्र शुरू होने वाला था तो लीक हो गया। हालाँकि निचोड़ निकालने वालों ने इसे बड़े जतन से स्टील के बर्तन में बन्द किया था पर न जाने कैसे लीक हो गया। जस्टिस लिब्राहून महोदय तो सच कहते हैं कि वे इतने गिरे हुए नहीं हैं कि वे स्वयं इतनी गुप्त रिपोर्ट को लीक होने देते। फिर भी लीक हुआ और इसके कारण अज्ञात हैं, जिन पर मेरे अपने विचार से फिर से एक आयोग बैठना चाहिए जो फिर सत्रह साल इस पर मेहनत करे, सरकारी खजाने में सेंध लगाये और इसके लीक होने का पता लगाये।

बहरहाल यह सवंदेनशील मुद्दा लीक हुआ और इसके साथ ही वे बेचारे पॉजीटिव सांसद जो इस देश की गरीबी और महंगाई के विषय में सोचकर आये थे, वे भी उस बहस का हिस्सा बन गये, जो इस रिपोर्ट के लीक होने से उभरी।

इसके विषय में विपक्ष कहता है कि सरकार ने यह जानबूझ कर लीक करवायी ताकि लोगों का ध्यान सब बेकार की बातों से हटकर इसमें उलझ जाये और पक्ष कहता है कि यह काम केवल और केवल विपक्ष का है ताकि कोई बिल न पास हो सके, न कोई सार्थक बहस हो सके, न ही देश की जनता को सरकार अपनी प्रगति के विषय में कुछ बता सके और न उससे यह कह सके किक्या तुम सब लोग आलू, चीनी, प्याज, दाल, आटे के भावों में उलझे रहते हो। अरे यह तो देखो कि दिल्ली में कितने फ्लाईओवर बन चुके हैं और जो विश्व-स्तर के खेल हमारे देश में होने जा रहे हैं उनकी तैयारी किस प्रकार युद्धस्तर पर हो रही है।

(दिसम्बर, 2009)

लचर न्याय व्यवस्था

इसी माह 13 दिसम्बर को भारत के मुख्य न्यायाधीश श्री के.जी. बालाकृष्णन ने आँकड़ों के साथ एक सच्ची बात कही कि यदि देश की न्याय व्यवस्था का यही हाल रहा तो जनता बगावत पर उतर आयेगी। साथ ही उन्होंने बताया कि देश में कुल 16,000 न्यायालय हैं और उसमें भी 2,000 पद न्यायाधीशों के खाली पड़े हैं और किसी भी वाद में न्याय मिलने में औसतन 15 साल लग जाते हैं।

उनका कथन तो अक्षरशः सत्य है लेकिन सरकार इसे गंभीरता से नहीं लेती, क्योंकि इससे सरकार की सेहत पर कोई फर्क नहीं पड़ता, अगर न्याय की इस व्यवस्था से किसी को स्वाइन फ्लू होता है तो वह है जनता और उसमें भी विशेष तौर पर निर्धन वर्ग।

उन्होंने एक सुझाव यह भी दिया है कि अदालतों की संख्या को 35,000 अर्थात् लगभग दो गुना कर दिया जाये, जिससे लोगों को न्याय मिलने में 15 साल का समय न लगे। अर्थात् सीधा सा गणित है कि जब न्यायालय लगभग दो गुने हो जायेंगे तो न्याय मिलने की भी अवधि आधी रह जायेगी अर्थात् 7-8 साल। अब यदि जनता के किसी व्यक्ति की आयु के 8 बरस न्याय की प्रतीक्षा में बीत जायें तो कोई बात नहीं फिर भी 8 साल की बचत तो हुई न। लेकिन यह संभावना, यह कल्पना तो तभी कार्यरूप ले सकती है, जब श्रीमान गुख्य न्यायाधीश के इस सार्थक सुझाव पर कोई अमल हो, कोई सार्थक पहले हो, सत्ता में विराजमान मठाधीशों के कान पर कोई जूँ रेंगे।

मुझे भी एक-दो बार न्याय प्रक्रिया से दो-चार होना पड़ा तो देखा कि कोर्ट फीस, स्टाम्प फीस, वकील की फीस, गवाह को सेट करने की फीस मतलब कि सिवाय न्याय की फीस के सभी कुछ तो वादी ही भरता है और

लगभग इतना ही प्रतिवादी भी भरता होगा। मैं मानता हूँ कि न्याय-व्यवस्था सुधारने के लिये, जजों की नियुक्ति के लिये और नई अदालतों का गठन करने के लिए सरकार पर आर्थिक बोझ पड़ेगा। अब जरा यहीं रुकिये और सोचिये कि यह बोझ सरकार पर बढ़ेगा? यह बात समझ से परे है। कोई बताये कि उसने देखा है कभी सरकारी कन्धों को बोझ से झुके हुए? अरे कन्धे यदि बोझ से किसी के झुकते हैं या बोझ से कमर टूटती है तो वह है आमजन, जिसके न्याय के लिये माननीय न्यायाधीश ने यह मुद्दा उठाया है। जहाँ तक बोझ से कन्धे झुकने की बात आती है, अभी-अभी ताज़ा उदाहरण आपके सामने है वह बिल जो दोनों सदनों में एक ध्वनि से एक ही झटके में पास हो गया। जिसके तहत मंत्री और सांसद अपने परिवार के साथ-साथ सगे-संबंधियों को भी हवाई जहाज की मुफ्त यात्रा करवा सकेंगे।

अब आप विचारिये कि किसके कन्धे झुके और किसका बोझ बढ़ा। मेरी समझ से बोझ बढ़ा या तो हवाई जहाज का या उस आम आदमी का, जिसके लिये न्याय का यह मुद्दा उठाया गया है।

यह बार-बार जो मैं आम आदमी के न्याय की बात कर रहा हूँ, यह कुछ जानबूझ कर रहा हूँ। अब देखिये यदि कोई खास आदमी अपनी गर्लफ्रेंड के साथ अपनी कार पटरी पर चढ़ा दे और जहाँ किसी की मृत्यु के साथ-साथ कुछ लोग घायल भी हो जायें तो उसे थाने के गेट पर ही जमानत मिल जाती है और गाड़ी भी जब्त नहीं होती। और यही हादसा यदि किसी बिना अप्रोच वाले आदमी की गाड़ी से हुआ होता तो उसकी गाड़ी महीनों नहीं बल्कि सालों तक किसी थाने के कम्पाउण्ड में धूल फाँक रही होती और वह आदमी दो-चार दिन जेल में बिताकर जमानत करवा कर कचहरी के चक्कर काट रहा होता। तो यह होता है फर्क आम और खास आदमी में।

अगर और ध्यान से देखेंगे और सोचेंगे तो पायेंगे कि सरकार ऐसे तमाम काम करती है जिससे इस गरीब जनता के हजारों-करोड़ रुपये व्यर्थ ही बह जाते हैं। हजारों योजनाएँ इस प्रकार रेंगती रहती हैं कि उनमें यदि गहराई से खोजबीन की जाये तो घपलों के गट्ठर मिलेंगे।

कुछ उदाहरण देखें—यमुना एक्शन प्लान (सफाई अभियान) यमुना कितनी साफ़ हुई और कितना खर्च हुआ? गंगा सफ़ाई योजना—क्या हो सका गंगाजल आचमन करने योग्य? आज भी गंगा का पानी किसी शहर में हल्का काला है,

कहीं चमड़े की रंगाई से निकले पानी की तरह ही लाल है तो कोलकाता में हुगली बनकर जब पहुँचती है तो छूने को भी मन नहीं करता। इसी प्रकार मिड डे मील योजना, बाल और महिला कल्याण योजना आदि-आदि।

इस प्रकार न जाने कितनी योजनाएँ हैं जिनके नाम प्रतिदिन समाचार-पत्रों में छपते रहते हैं। यदि सरकार इन योजनाओं पर तनिक भी गंभीर हो तो हजारों करोड़ रुपये की बचत हो सकती है और ऐसी अनेक बचतों से बचत कर न्याय-व्यवस्था को सुधारने के मद में होने वाला पैसा जुटाया जा सकता है। और जनता को शीघ्र न्याय दिलाया जा सकता है और साथ ही मुख्य-न्यायाधीश की आशंका जो जनता के संभावित विद्रोह को लेकर है कम की जा सकती है।

लेकिन यह सब निर्भर है दिन-प्रतिदिन संवेदना से शून्य होती जा रही सरकार के मन में संवदेना जागने पर। इसी न्याय-व्यवस्था पर कभी लिखी कविता की कुछ पंक्तिया इस प्रकार हैं–

तू छोड़ गवाही का चक्कर
इस अंधी न्याय-व्यवस्था में
तू झेल न पायेगा टक्कर
जा न्यायाधीश के सम्मुख तू
क्या सब कुछ सच कह पायेगा
मुझको जाने क्यों लगता है
तू जीवित लौट न पायेगा।

(जनवरी, 2010)

कायरता की सीमा

कायरता की कोई सीमा यदि होती है तो बस यह कि अत्याचार से, हमले के डर से, आँखें मूँद लेना। जैसा कि अक्सर चूहे करते हैं बिल्ली को देखकर।

बड़ी तकलीफ़ होती है देखकर, पढ़कर कि किस तरह से इस देश के नागरिक अन्य देशों में यूँही अकारण ही मौत के घाट उतार दिये जाते हैं। और जब ये सुलगते समाचार हमारे देश में पहुँचते हैं तो उन मारे गये व्यक्तियों के परिजनों पर क्या गुजरती है, कैसे सहते हैं वे इस पहाड़ जैसे दुख को शायद परमात्मा ही जाने। क्योंकि यह सब वे परिजन भी परमात्मा की मर्जी पर छोड़ देते हैं और इस महान देश की सरकार भी शायद यही मान लेती है कि ऐसा तो होता ही रहता है।

सरकार की ओर से जो प्रतिरोध होता है, वह सर्वविदित है। पहले तो विदेश मंत्री सोचते हैं कि ऐसे मौके पर क्या कहना है, कितना कहना है, क्योंकि साफ़गोई यदि सरकार के आलाकमान को पसंद नहीं आई तो उनका क्या होगा?

अभी हाल में जब आस्ट्रेलिया में नितिन गर्ग को मौत के घाट उतार दिया गया और सरकार ने जब विरोध स्वरूप वहाँ के राजदूत को बुलाकर अपनी आपत्ति दर्ज करानी चाही तो उल्टे राजदूत महोदय उखड़ गये। और हमारे देश की सरकार को ही सीख देने लगे कि बिला वजह भारत सरकार इस जरा सी घटना को तूल दे रही है। इस प्रकार के हमले आपसी रंजिश के परिणाम भी तो हो सकते है, ये हमले नस्लवाद के तहत कतई नहीं हैं।

भारत अहिंसा में विश्वास रखने वाला देश है और यहाँ के लोग भी शांतिप्रिय हैं। यदि यहाँ पर जवाब देना शुरू हो गया तो क्या होगा? यदि यह प्रश्नचिह्न वहाँ के राजदूत या वहाँ की सरकार को भेजा जाये तो शायद उस

देश की सरकार के कान पर जूँ रेंगे।

छोटे से छोटे देश उत्तरी कोरिया, दक्षिणी कोरिया, इज़राइल अपने देश की जनता के प्रति इतने सजग हैं कि इस प्रकार यदि उनका एक भी नागरिक मारा जाये तो वे जमीन आसमान एक कर देते हैं। और जहाँ तक इज़राइल का सवाल है वह चाहे कितना भी छोटा देश है लेकिन वह सबसे बलवान देश भी है। यदि किसी हमले में उनका एक भी नागरिक मारा जाता है तो वह तब तक शांत नहीं बैठता जब तक एक के बदले पाँच को मौत के घाट न उतार दे। हालाँकि वहाँ बरसों से चल रही समस्या का हल इस रास्ते नहीं निकल पाया है।

आखिर क्या विवशता है हमारी सरकार के सामने कि ठीक से विरोध भी नहीं हो पाता। यदि ऐसा कुछ है जिसे मेरे जैसे साधारण लेखक नहीं समझ पाते तो वह इतना ही करे कि एक फ़रमान जारी कर अपने देश के सभी विद्यार्थियों को जो वहाँ शिक्षा ले रहे हैं, वापस बुलाकर उसी कक्षा के अनुसार अपने यहाँ के विश्वविद्यालयों में उसी स्तर पर दाखिले दिलवा दे, जिस स्तर पर वे वहाँ पर हैं।

इसके अतिरिक्त भी अनेक ऐसे कदम हो सकते हैं जिनसे आस्ट्रेलिया सरकार पर परोक्ष था प्रत्यक्ष रूप में दबाव बनाया जा सकता है। जिससे यहाँ और वहाँ के भारतीयों विशेषकर विद्यार्थी वर्ग को यह तसल्ली मिल सके कि हाँ हमारी सरकार ने हमारे ऊपर होते जुल्म की खबर ली।

नितिन गर्ग की हत्या और जसप्रीत सिंह को जलाकर मारने की कोशिश और उससे पहले भी वहाँ की अकर्मणय पुलिस की शह पर भारतीयों पर हमले, यह सब कब तक होता रहेगा?

फिर सोचने लगता हूँ कि उन जातीय हिंसा में मारे जा रहे लोगों के बारे में क्या सोचूँ जब हमारी सरकार यहाँ सजातीय हमलों में भी पूरी दिलचस्पी नहीं लेती। मुम्बई में मनसे द्वारा सताये गये, घायल किये गये, भगाये गये, यहाँ तक कि कई मार दिये गये के विषय में भी कार्यवाही संतुष्टजनक नहीं हो पाती।

अब यह सब भगवान भरोसे छोड़ने के अलावा शायद और कोई विकल्प है भी नहीं।

(जनवरी, 2010)

क्या दिला पायेगी रुचिका को न्याय मीडिया की मशक्क़त?

मीडिया जब हरकत में आता है तो व्यवस्था के शेष तीन खम्बे भी हिलने लगते हैं, उनमें हरकत होने लगती है और सत्य, जो किन्हीं कारणों से तल में छिपा हुआ था, बाहर आकर पानी की सतह पर तेल की तरह तैरने लगता है। न्यायपालिका-विधायिका और कार्यपालिका अपने-अपने मोर्चे संभालने लगती हैं। पर प्रश्न यह है कि दूध में आया यह उबाल कब तक अपनी चरम स्थिति में रह पायेगा? क्या वे लोग जिनकी पकड़ सरकार से लेकर न्यायपालिका तक है, अपनी-अपनी घोषणाओं पर टिके रह पायेंगे? क्या अपनी कथनी को करनी में बदल पायेंगे?

रुचिका के केस में अभियुक्त की पत्नी ही उनकी वकील है और तार्किक बुद्धि की मलिका है। और यह साबित भी कर दिया अपने पति राठौड़ को अंतरिम जमानत दिला कर। राठौड़ जैसे दमदार, असरदार और रौबदार व्यक्ति को यदि जमानत मिल जाये तो वह क्या नहीं कर सकता। सबूतों का तोड़ना-मोड़ना-मरोड़ना तो मामूली बात है, उन्हें जड़ से भी समाप्त कर सकता है। उसकी ताकत का अंदाज़ा तो इसी बात से लगता है कि पूर्व मुख्यमंत्रियों तक को सफाई देनी पड़ रही है कि उन्होंने राठौड़ को सिवाय प्रमोशन देने के और किसी भी प्रकार की सहायता नहीं दी और न ही उसकी कोई तरफदारी की। रुचिका और उसके परिवार-जनों पर जुल्म का हथौड़ा चलता रहा, लेकिन प्रशासन मूक-दर्शक बना रहा। रुचिका का भाई पुलिस चंगुल में यातनायें झेलता रहा, पानी माँगने पर पुलिस उसे पेशाब पेश करती रही और दबाव बनाती रही कि वह और उसका परिवार राठौड़ साहब के खिलाफ अपनी जुबान बन्द रखे।

अनेकानेक यातनाओं का शिकार यह परिवार 17 साल तक इस इंतजार में रहा कि राठौड़ को वाज़िब सज़ा मिलेगी। सज़ा हुई भी, लेकिन केवल 6 माह की। यहाँ पर सजा भी मुँह देख कर दी जाती है। अपराध करने वाला आदमी किस बिरादरी का है। मतलब निर्धन बिरादरी का या धनवान बिरादरी का। कितना रसूक वाला है और कुछ समय की मौहलत पाकर अपने खिलाफ गवाहों और सबूतों को मिटा सकता है कि नहीं। और ऐसा असरदार व्यक्ति सबूतों को मिटाने के लिये येन-केन-प्रकारेण जमानत भी पा ही जाता है जब तक कि अभियोजन पक्ष नीलम कटारा की तरह दमदार और जुझारू न हो (नीतिश कटारा हत्याकाण्ड।

मीडिया ने आगे बढ़कर ऐसे मामलों में अपना कर्तव्य बखूबी निभाया है, उदाहरण के लिये जेसिका लाल हत्याकाण्ड है या पैरोल पर छूटे मनोज शर्मा को फिर से सलाखों के पीछे पहुँचाने का काम है या नितीश कटारा हत्याकाण्ड, तंदूर काण्ड और न जाने इसी तरह के तमाम काण्डों में फँसे हुए लोग अपनी तिकड़मों के जरिये न्यायालयों को धता बताने में सफल रहे लेकिन मीडिया से नहीं बच पाये और मीडिया ने उन्हें उनकी सही जगह पर पहुँचाकर ही दम लिया।

लेकिन जाँच एजेंसियों का क्या किया जाये। लगता है कि सही दिशा में काम हो रहा है। लेकिन जब फाइनल रिपोर्ट लगती है तो बेहद निराशाजनक होती है। सी.बी.आई. देश की एक विश्वसनीय जाँच एजेंसी मानी जाती है। इसका अब तक का रिकार्ड अगर खंगाला जाये तो तथ्य निराशाजनक ही निकलेंगे। एक जमाना था जब अपराधी सी.बी.आई. के नाम से ही काँपते थे, यहाँ तक कि पुलिस भी अपने आपको इसके सामने बौना समझती थी। लेकिन आज हालात उतने अच्छे नहीं रह गये हैं। आज अपराधी सोचता है कि क्या हुआ यदि सी.बी.आई. जाँच बिठा दी गई है। वह भी तो पुलिस की ही एक शाखा है।

अब इसी रुचिका काण्ड को लें। दैनिक जागरण का आज का समाचार है कि सी.बी.आई. फिर से इस केस का संज्ञान ले सकती है। और अब तक 17 सालों में क्या लिया था? अब उसके ज्ञान में संज्ञान लेना आ रहा है, जब मीडिया का उफ़ान अपने पूरी जवानी पर है। देखिये आगे-आगे होता है क्या?

(जनवरी, 2010)

पनपती तानाशाही

जब 1974 में रेल हड़ताल हुई तो मैं उत्तर रेलवे मैन्स यूनियन गाज़ियाबाद ब्रांच का पदाधिकारी था। रेलवे कर्मचारियों की इस यूनियन की बागडोर फैडरेशन लेवल पर श्री जार्ज फर्नाडीज़ के हाथों में थी। गाज़ियाबाद ही नहीं सारे भारत में यहाँ तक की मुम्बई में भी जहाँ कभी भी इससे पहले की हड़तालों में रेल बन्द नहीं हुई थी, वहाँ के प्लेटफार्मों पर भी सूनापन पसरा था। गाड़ियाँ जहाँ की तहाँ खड़ी थीं।

देश में कांग्रेस का राज था। हर जगह नारे लग रहे थे–''तानाशाही नहीं चलेगी, गुण्डागर्दी नहीं चलेगी, हमारी माँगें पूरी करो'' आदि-आदि। रेलवे की यह हड़ताल पूरी तरह सफल रही, सिवाय इसके कि कुछ स्थानों पर सिर-फिरे पुलिस कर्मियों की ज्यादती रही। हर जिले की जेलें हड़ताली कर्मचारियों से पाट दी गईं, लेकिन यह सुनने को नहीं मिला कि किसी कर्मचारी का सिर पुलिस की लाठी से फूट गया या कर्मचारियों को दौड़ा-दौड़ा कर पीटा गया। मैं चूँकि स्वयं भुक्तयोगी रहा हूँ, इसलिए इसका साक्षी भी हूँ। जेल में जेल अधिकारियों का व्यवहार अच्छा और सौहार्दपूर्ण था।

लेकिन आज नज़ारा दूसरा है, 36 साल में देश ने बहुत तरक्की की है। पुलिस और नेताओं के दिमाग विकसित हुए हैं, उनकी सोच बदली है। अब वे हड़ताली कर्मचारियों को आदमियों के झुण्ड में न देखकर पशुओं के झुण्ड की तरह देखते हैं उन्हें लगता है कि सारी भेड़ें एक हो गई हैं और ये बिना लाठी के काबू में नहीं आयेंगी। साथ ही लाठी चलाने वाले और चलवाने वाले अफ़सर राज्य–सरकार में अपने नम्बर भी बढ़वाना चाहते हैं। अब नम्बर तो इसी तरह से बढ़ेंगे न कि वे सरकार की मर्जी के मुताबिक कार्य करें। अपना विवेक और अपनी मानवता घर के भीतर खूँटी पर टाँग कर कार्य करें।

दिनांक 22/1/2010 को आप लगभग सभी चैनलों पर देख रहे होंगे कि किस प्रकार उत्तर प्रदेश की राजधानी लखनऊ का डी.एम. एक कर्मचारी को चाँटा मार रहा है। और चाँटे से पहले चेतावनी देना भी नहीं भूलता कि उसे गुस्सा न दिलाया जाये।

अब डी.एम. के एक चाँटे ने उस कर्मचारी की सामाजिक इज्जत और उसके स्वाभिमान पर एक प्रश्न-चिह्न लगा दिया। यदि डी.एम. के स्थान पर कोई उसका हमजोली होता तो उसका भी हाथ उठ सकता था, लेकिन यहाँ उस कर्मचारी का विवेक काम कर रहा था कि प्रत्युत्तर का परिणाम होगा शरीर की एक भी हड्डी का साबुत न बचना।

प्रश्न चाँटे या लाठी चार्ज पर ही समाप्त नहीं होता। यदि सरकारी तंत्र ने येनकेन-प्रकारेण इस स्थानीय साधारण से विरोध को कुचल भी दिया और विजय प्राप्त कर ली तो क्या समस्या का हल हो गया? मैं समझता हूँ इससे कर्मचारियों के मन में जो विद्रोह का विस्फोट होगा वह लाठी और चाँटे से अधिक भयंकर होगा। साधारण स्थिति में भी जहाँ दफ्तर का बड़ा बाबू अपनी सीट पर अपना चश्मा रख कर गायब हो जाता है और लोग इंतज़ार में ऐसे बैठे रहते हैं जैसे वे किसी चिता के पास बैठकर कपाल खोपड़ी की क्रिया पूर्ण होने का इंतज़ार कर रहे हों। चुपचाप बिल्कुल शांत लोहे या फट्टे की बेंच पर रह-रहकर पासे बदलते हुए। तो इस लाठी-चाँटे का बदला कर्मचारी अपनी अनुपस्थिति का समय बढ़ा कर, सही को सही कहने की अपनी सुविधा शुल्क बढ़ाकर सरकार से बदला लेने की कोशिश करेगा। और इसके बाद कर्मचारी किसी भी हड़ताल या विद्रोह जताने से पहले दस बार सोचेंगे। शायद धीरे-धीरे वे किसी भी प्रकार के विरोध से ही विमुख हो जायें। और महसूस करने लगें कि प्रजातंत्र या लोकतंत्र केवल दिखावा है। जहाँ व्यक्ति अपना विरोध प्रकट नहीं कर सकता वहाँ कैसा लोकतंत्र। और मेरे लिखते-लिखते ही समाचार आ रहा है कि जिस कर्मचारी को डी.एम. महोदय ने चाँटा मारा था उसे जेल में डाल दिया गया है।

उस पर भिन्न-भिन्न धाराओं में कई आरोप लगे हैं–सरकारी संपत्ति को नुकसान पहुँचाने का, सरकारी कार्य में बाधा डालने का, हुकुमअदूली करने का और डी.एम. महोदय को गुस्सा दिलाने का। अब इस कर्मचारी को यह साबित करना होगा कि ये सारे आरोप बे-बुनियाद हैं। तब जाकर उसे यातना और

प्रताड़ना से मुक्ति मिलेगी और तब तक वह उस थप्पड़ की बात भी भूल जायेगा जो उसे डी.एम. ने मारा था। कहाँ मिलेगा न्याय?

मेरा अपना विचार है कि देश के हर प्रांत में और केन्द्र में भी ऐसे मामलों के लिये अलग से न्यायालय स्थापित किये जाने चाहिए। यदि कहीं भी वेतन बढ़ाने सम्बन्धी या काम-सम्बन्धी विवाद उठता है तो सत्तापक्ष और कर्मचारी यूनियन दोनों ही इसे उस न्यायालय या ट्रिब्यूनल को सौंप दें और उससे पहले यह सुनिश्चित कर लें कि न्यायालय का फैसला जो भी होगा दोनों पक्षों को मान्य होगा।

सुना है कि ऐसी व्यवस्था पहले सोवियत संघ में रही है, जहाँ कभी भी किसी संस्थान में हड़ताल नहीं होती थी और इस प्रकार के तमाम झगड़ों को लेबर ट्रिब्यूनल या न्यायालयों को सौंप दिया जाता था।

(फरवरी, 2010)

न्यायाधीश उर्फ न्यायमूर्ति

किसी ने सही कहा है कि लिटिल नॉलिज इज ए डेंजरस थिंग। और इसी के चलते मन बड़ी उलझन में है। अब बड़े ही पढ़कर सुलझायेंगे मेरी उलझन।

उलझन आज का समाचार-पत्र पढ़कर पैदा हुई है। किसी ने रिश्वत भेजी रामस्वरूप को फलस्वरूप पकड़ा गया। कुछ वर्ष पहले मेरी छोटी पोती ने यह सवाल मुझसे पूछा था कि दादाजी जब रिश्वत रामस्वरूप ने ली तो फलस्वरूप क्यों पकड़ा गया? चूँकि वह इंग्लिश मीडियम में थी और उसे हिन्दी का भी ज्ञान रहे इसलिए कभी-कभी समय निकाल कर वह दादाजी के पास आ बैठती थी। मैंने उसे विस्तार से समझाया था कि बेटा! यहाँ फलस्वरूप का मतलब है कि रामस्वरूप ने चूँकि रिश्वत ली थी, लेकिन उसका परिणाम यह हुआ कि वह पकड़ा गया। उस बच्ची ने पलट कर कहा, "दादाजी! मैं तो समझी थी कि रामस्वरूप के बदले में फलस्वरूप पकड़ा गया।

बात आई गई नहीं हुई, बल्कि और पैचीदा बन गई। मैं सोचता रहा कि वास्तविकता तो वही है, जो वह छोटी लड़की समझ कर मुझे बता रही थी। अक्सर तो फलस्वरूप ही पकड़ा जाता है। रामस्वरूप तो अपनी तिकड़मों से सदैव पकड़ से बाहर ही बना रहता है।

आजकल तो मेला लगा हुआ है रामस्वरूपों का। और कोई भी रामस्वरूप ऐसा नहीं है जो आई.ए.एस., आई.पी.एस. या जज जैसे पदों पर नहीं हो या न रहा हो। अभी मामला मध्य प्रदेश में जोशी दम्पत्ति के यहाँ करोड़ों के नोट मशीनों से गिने ही जा रहे थे कि बारी आन्ध्र प्रदेश की आ गई। कोई स्वामी जी हैं जिनके यहाँ अभी पहले ही छापे में पन्द्रह करोड़ का सामान व नगदी मिली है और अभी तो उनके लॉकर खुलने हैं, देखिये क्या निकलता है मदारी के थैले से।

ये तो किसी फिल्म के रिलीज होने से पहले के ट्रेलर हैं और परेशानी यह है कि सरकार या जाँच एजेन्सी या न्यायलय इसके आगे बढ़कर पूरी पिक्चर देखने की जहमत ही नहीं उठाते।

सबसे पहला कदम जो कि बड़ा सख्त कदम कहलाता है कि ऐसे लोगों को सस्पैंड कर दिया जाता है ताकि वे राहत की साँस के साथ-साथ अपना दिमाग जुगत भिड़ाने में लगा सकें कि कैसे इस बेमतलब के झंझट से छुटकारा पाया जा सके। और जो सम्पत्ति पकड़ में नहीं आई है उसे कहाँ और कैसे ठिकाने लगाया जा सके।

अब सरकारी कामकाज तो अपनी गति से चलते हैं। कोई भी हादसा ले लीजिये—चाहे सेना के घोटाले हों, सत्यम वाले राजू के घोटाले हों या कोड़ा का करोड़ों-अरबों का घोटाला हो, चाहे तोप-तमंचे, या नकली बुलटप्रूफ जैकिटों का घोटाला हो और चाहे वह सुखराम जी वाला मामला हो। सबकी एक ही नियति है "टाँय-टाँय फिस्स।" लेकिन साथ ही हमें यह भी देखने-सुनने को मिलता है कि निचले स्तर पर यदि ऐसा ही मामला, चाहे वह गिनती के कुछ रुपयों का ही क्यों न हो, बड़ी जल्दी से न्याय की आग पकड़ता है।

मुझे याद है लगभग पच्चीस बरस पहले खुर्ज़ा में तैनात रेलवे के परमानेंट वे इंस्पैक्टर राजेन्द्र सिंह चौहान को सी.बी.आई. ने केवल बीस रुपये की रिश्वत एक गैंगमेन से लेते हुए पकड़ा था और उन्हें तुरत-फुरत बुलन्दशहर जेल में बन्द कर दिया था। चूँकि वे मेरे पड़ौस के गाँव के थे और मुसीबत में मुझे याद किया था, सो उनसे जेल में जाकर मिला। बेचारे हिचकियों और सिसकियों के बीच कितनी ही देर मेरे कन्धे से लगे रहे।

पर अपर लैवल पर ऐसा नहीं होता, सरकार और पुलिस (सी.बी.आई.) देखभाल कर और सोच-समझकर ही कदम उठाती है। ऐसे लोगों को पहले सस्पेंड करके सोचने और सम्भलने का समय देती है। और यदि आदमी मंत्री लेबल का हो तो काफी दिन छुट्टा छोड़ने के बाद ही कुछ कार्यवाही की जाती है जैसा कि अभी-अभी आपने कोड़ा जी के मामले में देखा होगा।

ऐसे तमाम लोगों के खिलाफ़ जो इस समाज में कोढ़ से बढ़कर और कुछ भी नहीं हैं, सरकार के दण्ड देने के या संज्ञान लेने के अलग-अलग मापदण्ड क्यों हैं। ऐसे लोग जो हमारा-तुम्हारा और निर्धन जनता का टैक्स द्वारा जमा किया गया रुपया या सरकारी योजनाओं का वह करोड़ों रुपया जो

हमारी आपकी भलाई के लिए सरकार द्वारा योजनाओं के जरिये हम तक पहुँचना चाहिए, वह बिल्कुल उसी तरह दूसरों के दरवाजे पहुँच जाता है जैसे पन्द्रह लाख रिश्वती रुपया जज निर्मल यादव के बजाय जज निर्मलजीत कौर के घर पहुंच गया।

कानूनी नामावली को मैं नहीं समझता पर पता नहीं क्यों मेरा अंतर्मन यह कहता है कि न्यायाधीशें को केवल न्यायाधीश ही रहने दिया जाये और शब्द ''न्यायमूर्ति'' हटा दिया जाये। इसके हटा देने से भी उनका सम्मान घटता नज़र नहीं आता। ''न्यायमूर्ति'' शब्द से मेरा मन इसके दूसरे शब्द ''मूर्ति'' पर अटक कर रह जाता है। क्योंकि मेरे घर में मेरी पत्नि ने जितने भी देवी-देवता हैं यहाँ तक साँईबाबा की भी मूर्ति अपने छोटे से मंदिर में सजाकर रखी हुई हैं और वह नित्यप्रति बड़े श्रद्धाभाव से उनकी पूजा-अर्चना करती है। मैं भी और घर के अन्य सदस्य भी ऐसा ही करते हैं।

हमारे देश की आबादी का अच्छा-खासा प्रतिशत धर्म व ईश्वर में विश्वास रखने वाला है। वह किसी न किसी रूप में अपने भगवान की साकार मूर्ति अपने घर में पूजास्थल पर रखता हैं और नित्यप्रति अपने भगवान की मूर्ति की पूजा कर कुछ न कुछ मांगकर ही घर से काम-काज पर निकलता है और उसकी कुछ मनोकामनाएँ पूरी भी होती हैं। काश ऐसी मनोकामनाएँ न्यायमूर्तियों से भी पूरी हो पाती। वहाँ तो न्याय और केवल न्याय ही होता है और न्याय के अतिरिक्त और कुछ भी नहीं होता। उसमें भी तथाकथित न्यायाधीश पूरी तरह स्वतंत्र नहीं होता। उसे उसी तरह का न्याय करना पड़ता है जो अधिवक्ताओं और गवाहों और दस्तावेज़ों की छलनी से छन कर आता है। कई बार तो यह भी देखने में आया कि गवाहों और अधिवक्ताओं की दलीलों के सामने बेचारे न्यायाधीश विवश होकर रह गये और उन्हें फैसला उन्हीं दलीलों के आधार पर देना पड़ा जो अधिवक्ताओं ने उनके सामने पेश की थीं।

(फरवरी, 2010)

ये बचकानी बातें हैं

'पाकिस्तान की एक बचकानी चाहत' दैनिक जागरण ने आज 24 फरवरी को पृथम पृष्ठ पर छाप कर उसकी मानसिकता के दिवालियेपन का एक नमूना पेश किया है। उसकी चाहत है कि भारत से बातचीत हो और सभी विवादित मुद्‌दों पर खुलकर वार्ता हो। लेकिन उसका चहेता दोस्त चीन उसकी मध्यस्थता करे।

मुझे लगता है कि पाकिस्तानी नेता न तो भूगोल पढ़ते हैं न इतिहास को हाथ लगाते हैं। वे केवल यह पढ़ते हैं कि कहाँ-कहाँ से और किन-किन तिकड़मों से हम किस-किस देश को या व्यक्तियों को बेवकूफ बनाकर किसी प्रकार अपनी खाल और अपनी नेतागीरी को बचाये रख सकते हैं। और इसके अतिरिक्त किस तरीके से वे अपने यहाँ फलफूल रहे आतंकियों को पाल-पोस कर भारत की सीमाओं के पार भेजकर वहाँ की शांति और सुरक्षा में सेंध लगा सकते हैं। यदि ऐसा नहीं तो क्या एक पल को भी उसने सोचा कि हम जिस देश की वकालत कर अपने और भारत के बीच वार्ता के दौरान मध्यस्थता की बात कर रहे हैं-वह भारत का कितना बड़ा मित्र और हितैषी है। जो देश इन्च इन्च कीड़े की तरह रेंग-रेंग कर भारत की सीमाओं पर जमीन कब्जे में करने में दिन रात व्यस्त है, जो देश कभी-कभी तो खतरनाक और हास्यास्पद घोषणायें करता है कि भारत का एक पूरे का पूरा प्रदेश (अरूणाँचल) उसी का हिस्सा है-ऐसी गंदी मानसिकता वाले देश की मध्यस्थता भारत कैसे स्वीकार कर सकता है।

और यदि पाकिस्तान के नेताओं ने इतिहास पढ़ा होता तो उनके सामने चीन के साथ भारत का 1962 का युद्ध भी उभर कर आता जिस समय भारत उसे भाई मानकर अपने विकास में व्यस्त था उसी समय उसने भारत पर हमला बोल दिया और ऐसा देश हमारे बीच मध्यस्थता करें।

इसके अतिरिक्त भी पाकिस्तान के इरादे तो हमेशा ही नापाक रहे हैं। आज भी हमारी सरकार मुम्बई हमले के हमलावरों के विषय में दस्तावेज सौंपते सौंपते थक गई है लेकिन मजाल क्या कि पाकिस्तान किसी भी आतंकी के खिलाफ कोई कार्यावाही करके अपनी नेकनीयती की नज़ीर पेश कर सके।

सच तो यह है कि पाकिस्तान सीधी बातचीत से बचना चाहता है क्योंकि उसके पास तथ्यों और तर्कों का कोई उत्तर नहीं है। वह चाहता है कि कोई ऐसी बाहरी शक्ति मध्यस्थता करे जो उसकी खैरख़्वाह हो। पहले उसकी चाहत रही कि उसका पोषणहार अमेरिका मध्यस्थता करे लेकिन जब अमेरिका वस्तुस्थिति को पूरी तरह समझ गया तो उसे आका न. 2 याद आया चीन। जिसके ग्यारह हजार से अधिक नागरिक पाकिस्तान में अलग-अलग उद्योगों में कार्यरत हैं और दिन-प्रतिदिन चीनी व्यापार को बढ़ा रहे हैं जाहिर है कि यदि भारत चीन की मध्यस्थता स्वीकार करता है तो सारी बातें पाकिस्तान के हक में होंगीं।

पाकिस्तान ने वार्ता की ऐसी अहम् कोशिशें पहले भी की हैं। वार्तायें हुई भी हैं अन्तर केवल इतना रहा है कि हमारे देश की तमाम कोशिशें सौ प्रतिशत ईमानदारी से होती हैं तो उधर से सौ प्रतिशत बेईमानी से।

पाकिस्तान में पल रहे आतंकी भले ही उनके अपने देश में भी आये दिन विस्फोट कर आतंक फैलाते रहें पर फिर भी वहां की सरकार आतंकियों के विरूद्ध कोई ठोस कार्यवाही नहीं करती। कारण कि वहां का प्रशासन कई स्तरों में विभाजित है। सरकार के कुछ नेता यदि कभी कभार कोई ईमानदारी का बयान दे भी दें तो वहां का खुफ़ियातंत्र अपनी लाल आँखे दिखाकर उन्हें चुप करा देता है।

एक सच्चाई और भी है कि सभी मुद्‌दों में एक ही मुद्‌दा विशेष है और वह है कश्मीर का मुद्‌दा जिसे पाकिस्तान कभी भी नहीं सुलझाना चाहेगा। कारण, वही तो एक मुद्‌दा है जिसको लेकर वे अपनी जनता में जोश भर सकते हैं और अपनी सेना में भारत के प्रति नफ़रत का जहर घोल सकते हैं।

काश्मीर किसका है और जिस भाग में पाकिस्तान ने आतंकी कैंप लगा रखे हैं जहां आतंकियों की छावनियाँ बनी हुई हैं वह भाग किसका है यह पाकिस्तान के अलावा उसका आका चीन तथा दुनिया के तमाम देश जानते हैं लेकिन न्याय की बात कौन करे।

हमें तो अपनी सरकार से यही गुजारिश करनी है कि जब तक आतंकवाद पर कोई ठोस कार्यवाई पाकिस्तान नहीं करता, तब तक किसी भी मुद्दे पर बात नहीं होनी चाहिए। बल्कि उसे उसी की भाषा में जबाव दिया जाना चाहिये, ठीक आमने-सामने बैठकर।

ये बचकानी बातें हैं
तू रहने दे, बस और न कर

(मार्च, 2010)

संवदेनाओं के प्रकार

क्या संवेदनाओं के भी प्रकार होते हैं? जी हाँ आपकी जानकारी के लिये बता दें कि संवदेनाएँ कई प्रकार की होती हैं। तात्कालिक, दूरगामी, सरकारी, राहगीरों की और यहाँ तक कि अपनों की संवेदनाओं के भी प्रकार होते हैं। और इन सब में सबसे कारगर होती हैं–सरकारी संवेदनाएँ। सरकारी संवदेनाएँ इसलिये कारगर मानी जाती हैं कि वहाँ से आता है पैसा। और पैसा आकर फिर से संवेदनाओं का विभाजन करता है। तो इस प्रकार संवेदनाओं के टुकड़े होते चले जाते हैं और आप भी समझते हैं कि जो चीज साबुत नहीं रहती उसका मूल्य क्या रह जाता है।

आपदाओं, विपदाओं और हादसों को सहते-सहते अब आमजन का मन काफी कठोर हो चला है। और वह दिन दूर नहीं जब यह 'संवेदना शब्द' अपना अर्थ ही खो देगा और नये शब्दकोषों में इसका अर्थ रह जायेगा "प्रतिक्रिया"। वह भी सूखे हुए काठ की तरह। संवेदना में तो कुछ आद्रता रहती है, लेकिन प्रतिक्रिया में ऐसा कुछ नहीं होता। प्रतिक्रिया तो क्रिया के बाद होती है। बल्कि क्रिया का जवाब मात्र होती है।

अभी-अभी एक ताजा हादसा हुआ। सन्त कृपालु महाराज अपनी पत्नी का श्राद्ध मना रहे थे, लेकिन उनकी आमजन पर ऐसी कृपा हुई कि अब उनकी पत्नी श्राद्ध वाले दिन बिलकुल भी अकेली नहीं रहेंगी। कम से कम 63 आत्माएँ जो इस दिन केवल एक थाली या एक कम्बल के लिये शहीद हो गईं वे सब उनके साथ होंगी। यह बात अलग है कि कृपालु महाराज अपनी पत्नि का ही श्राद्ध मनायेंगें। जो बच्चे, औरतें, आदमी, उनकी पत्नी के श्राद्ध में शामिल होने आये थे वे तो केवल एक लोटा, एक थाली या एक कम्बल के लिये आये थे। उनका श्राद्ध तो उनके अपने ही मनायेंगे और मनायेंगे भी या

नहीं, क्योंकि श्राद्ध मनाना भी सीधा-सीधा पैसे से जुड़ा मामला है। यदि उन लोगों के पास श्राद्ध करने लायक पैसा बतौर पूँजी होता तो वे हरगिज भी एक लोटे थाली के लिये अपनी जान नहीं गँवाते।

अब आयें असली बात पर। क्या इस तरह का हादसा पहली बार हुआ है? जी नहीं, यह तो वह फिल्म है जो आये दिन किसी न किसी सिनेमाघर में चलती रहती है। इससे पहले भी किसी नेता ने लखनऊ में धोतियाँ बाँटी थीं। वहाँ भी काफी औरतों की मौत हो गई थी। कहीं पंजाब में नैनादेवी पर कुछ इसी तरह का हादसा हुआ था—जहाँ रास्ते का ढाँचा चरमरा कर टूट गया था और सैकड़ों लोग मर गये थे। कहीं किसी मेले में भगदड़ मच गई थी, वहाँ भी सैकड़ों लोग मर गये थे। कहने का मतलब है कि इस तरह से थोक में लोग मरते रहते हैं और सरकार फौरी मदद के लिये फौरन आगे आती है। तुरन्त घोषणा करती है कि भई मरे हुए को इतना देना है और जो केवल घायल होकर रह गया है उसे इतना देने से काम चलेगा।

इस प्रकार सरकार ऐसे हादसों से साफ-साफ बाहर निकल जाती है। पर कभी भी किसी पर भी जिम्मेदारी नहीं डालती। आखिर कोई न कोई तो जिम्मेवार होता ही है इस तरह के हादसों का।

अब यदि कुण्डा (प्रतापगढ़) के कृपालु जी महाराज के आश्रम की बात को ही लें, जहाँ आश्रम के चारों ओर एक ऐसा जनसमुदाय बसा है—जिन्हें दो जून की रोटी मयस्सर नहीं है, वहाँ आप लोटा, थाली, धोती और प्रसाद बाँटने की घोषणा करते हैं।

तो क्या यह कुछ ऐसा ही नहीं है कि आप पार्क की बैंच पर, दो-चार दर्जन केले लेकर बैठ जायें जहाँ पेड़ों पर बंदर भी मौजूद हों और किसी एक बंदर की तरफ आप एक केला उछालकर बाकी अपने थैले में बन्द कर लें। फिर देखें आप नज़ारा—कहाँ आप, कहाँ आपका थैला और कहाँ बंदर।

कृपालु महाराज को यदि दान ही करना था तो अपने सैकड़ों हजारों चेलों को गाँव-गाँव भेजकर श्राद्ध की वस्तुएँ बंटवा देते तो न ये जमघट लगता और न ये मौतें होतीं।

कृपालु महाराज की ओर से उनके चेलों ने अपनी संवेदना/प्रतिक्रिया इन 63 मौतों के लिये यह दी है कि इन मौतों के लिये न तो आश्रम दोषी है और न ही ईश्वर स्वरूप कृपालु महाराज, बल्कि इन मौतों के लिये तो सीधे-सीधे

ईश्वर ही जिम्मेदार है, जिसकी मर्जी से ये मौतें हुई हैं। और अब उसी की मर्जी से आश्रम से कृपालू महाराज गायब हैं। सरकारी तन्त्र ने मुआवजे की रकम घोषित कर दी है। जो मरे हैं उनके परिजन रो-रोकर काफी हल्के हो गये हैं। अब अपने आँसू पौंछकर तहसील हैडक्वाटर जाकर मुआवजे की रकम प्राप्त करने की तैयारी में हैं। बस केवल कुछ ही दिन की बात है और यह घटना समय चक्र में ऐसे खो जायेगी जैसे घटी ही नहीं थी। किसी ने ठीक ही कहा है कि अगर आप किसी रेखा को बिना मिटाये छोटा करना चाहते हो तो उसके बगल में उससे लम्बी एक रेखा खींच दो।

उत्तर प्रदेश में ही अब कुण्डा प्रतापगढ़ की आश्रम घटना के बाद बुलंदशहर और गाज़ियाबाद में जहरीली शराब से लगातार मौतें हो रही हैं। और संख्या लगभग आश्रम में मरे लोगों के बराबर पहुँचने को है। फिर वही प्रश्न, जिम्मेवार कौन? और इस घटना से पिछली घटना कुछ छोटी पड़ जाएगी।

जिम्मेवार कोई भी नहीं। और सरकार भी क्या करे। ये आये दिन की बातें हैं। अब सरकार अपना प्रबंधन और देसी शराब से झरता रैवेन्यू देखे या कच्ची पीकर इन पटापट मरने वालों को देखे। यह हमारे लोकतंत्र में एक रिवाज़ सा है। यह ऐसे ही चलता रहेगा और संवेदनायें इत्र बनकर हवा में उड़ती रहेंगी।

(मार्च, 2010)

33 प्रतिशत का मतलब

33 प्रतिशत का मतलब आप सही समझ रहे हैं अर्थात् सौ में से तैंतीस। लेकिन यह तो थर्ड डिवीजन हुई और आप यह भी भलिभाँति जानते हैं कि 33 प्रतिशत पर देश के या प्रदेश के किसी भी कॉलिज या यूनिवर्सिटी में दाखिला नहीं मिलता। केवल एक विकल्प रह जाता है—पत्राचार द्वारा आगे की पढ़ाई जारी रखना। और इस 33 प्रतिशत को मान्यता दिलवाने के लिये अभी बहुत सारे पापड़ बेलने पड़ेंगे। बड़े-बड़े लठैत अभी से लाठियाँ भाँज रहे हैं। सबसे बड़ी दिक्कत आ रही है कोटे में भी कोटा सुनिश्चित करने की। लेकिन अगर सैद्धान्तिक रूप से इसे मान भी लिया जाये तो इसे हर कोटे में लागू करना चाहिए। अक्सर देखने में आया है कि जिस जाति के लिये भी कोटा निर्धारित किया गया है, उस जाति के पढ़े-लिखे लोग ही उससे लाभान्वित होते हैं और जिन्हें सरकार लाभ पहुँचाना चाहती है वे बेचारे तरसते रहे जाते हैं। इसको लेकर पूर्व में भी एक अच्छी-खासी चर्चा क्रीमी नान-क्रीमी लेयर को लेकर चल चुकी है। जो लोग कोटे में भी कोटे की मांग लेकर विरोध कर रहे हैं, असलियत में तो वे इस 33 प्रतिशत का ही विरोध कर रहे हैं।

तो मित्रों! यह जो 33 प्रतिशत का बिल देश की बुजुर्ग अदालत (राज्य सभा) ने पास कर दिया है बिल्कुल ऐसा ही है जैसे किसी महिला ने विवाह के बरसों बाद किसी मरियल बच्चे को जन्म दिया हो।

दरअसल हमारे देश का चलन बन चुका है कि हम बातें बहुत बड़ी-बड़ी करेंगे, अपनी कामयाबियों का बढ़-चढ़ कर बख़ान करेंगे और इस तरह अपनी थोड़ी-सी कामयाबी के पल्लू से ढके खोखले-पन को छुपाने की कोशिश करेंगे। दोनों तरह के उदाहरण हमारे तमाम ग्रन्थों में मौजूद हैं, भरी सभा में द्रोपदी का चीर-हरण हो रहा है, बड़े-बड़े सूरमा बड़ी-बड़ी मूँछों पर हाथ फेरते हुए,

लम्बी-लम्बी तलवारें लटकाये हुए बैठे हैं, कुछ आनन्द ले रहे हैं, कुछ उदास हैं और चीर-हरण चालू है। द्रोपदी कातर स्वर में गुहार लगा रही है, सुनने वाला कोई नहीं। वह तो भला हो श्रीकृष्ण का कि वे अवतरित हुए और द्रोपदी को निर्वस्त्र होने से बचा लिया।

आज कितनी द्रोपदियों को निर्वस्त्र कर गाँवों में घुमाया जाता है, कितनों को डायन घोषित कर नंगा कर पीटा जाता है पर अफ़सोस कि कोई भी कृष्ण अवतरित नहीं होता। और यह सब उड़ीसा या छत्तीसगढ़ के किसी गाँव में ही नहीं बल्कि देश की राजधानी से मात्र 75 किलोमीटर दूर बुलन्दशहर के भी किसी गाँव में कभी-कभी घटित हो जाता है। ख़बर छपती है, पुलिस दौड़ती है, पकड़-धकड़ होती है पर फिर वही ढाक के तीन पात ही रहते हैं। कहानी जहाँ से शुरू होती है, वही पर समाप्त हो जाती है। तो विधेयक के साथ-साथ कुछ कृष्णों की भी जरूरत है। मात्र बिल पास कर देने से तो द्रोपदियाँ सुरक्षित नहीं हो पायेंगी। कोई ऐसी भी नीति बने कि इन 33 प्रतिशत पर जुल्म करने वालों को भी नकेल डाली जा सके, एक ऐसा बिल भी आना अति-आवश्यक है। विधेयक पास हुआ है अच्छी बात है। देश की महिलाओं को—बहन, बेटी, माँ, चाची, ताई, बुआ, भाभी, मामी, नानी सभी को बधाई। पर दिल से बधाई तो तभी दी जा सकेगी, जब वे सब एक जुट होकर उन चीरहरण कर्ताओं का भी कुछ इलाज करवा सकें।

इतिहास भरा पड़ा है वीरांगनाओं से, चाहे वह झाँसी की रानी हो, दुर्गावती हो और चाहे इन्दिरा गाँधी। यदि 33 प्रतिशत में आकर ऊर्जा मिलती है तो वे इसका पूरा लाभ अवश्य उठायें, लेकिन साथ ही अपनी सौम्यता और कुशलता से अपनी-अपनी पार्टियों को विवश करें इस बिल को अमली जामा पहनाने के लिये।

यह तो रहा 33 प्रतिशत का राज सत्ता में ताकतवर बनने का। अब समाज में ताकतवर बनने के लिये क्या किया जाये।

अपने विचार से तो जहाँ शिक्षा की जरूरत हैं उससे कहीं अधिक जरूरत है पुरुषों की मानसिकता बदलने की। उनका दृष्टिकोण इस 33 प्रतिशत के प्रति बदलने की। जब तक यह दृष्टिकोण नहीं बदलेगा, चाहे आप प्रतिशत को और ऊपर ले जायें, कुछ भी अंतर नहीं पड़ेगा। जब तक सोच नहीं बदलेगी, दृष्टिकोण नहीं बदलेगा तब तक कुछ नहीं बदलेगा।

(अप्रैल, 2010)

●●●